감수 중국어공부기술연구소
저자 정인선

시사북스
(주)시사중국어사

저자

정인선

- 北京语言大学 경제무역학과 졸업
- HYATT HOTEL CASINO 동남아판촉부(VIP 고객 수행)
- 시사중국어학원 강사
- 호서대학교 벤처정보대학원 강의
- 다수 기업체 출강
  SKC&C, SK Telecom, 하이닉스, 하나은행,
  금호석유화학, 금호타이어, 한화그룹, 한국가스공사,
  삼성테크윈, 한전KDN, 모토로라 등

CBP 비즈니스 中国语 2

초판인쇄	2015년 03월 16일
초판발행	2015년 03월 25일

저자	정인선
펴낸이	엄호열
펴낸곳	㈜시사중국어사
등록일자	1988년 2월 13일
등록번호	제1 - 657호
주소	서울시 종로구 자하문로 300 시사빌딩
전화	주문문의 (02) 3676-0808
	내용문의 (02) 3671-0542
팩스	(02) 747-1945
홈페이지	book.chinasisa.com
이메일	china@sisabook.com
ISBN	979-11-5720-001-6 14720
	978-89-7364-971-6 14720(set)

* 이 교재의 내용을 사전 허가없이 전재하거나 복제할 경우 법적인 제재를 받게 됨을 알려 드립니다.
* 잘못된 책은 구입하신 서점이나 본사에서 교환해 드립니다.
* 정가는 표지에 표시되어 있습니다.

머리말

한국과 중국은 지난 1992년 국교를 수립한 이후 22년간 정치, 경제, 사회, 문화 등 다양한 분야를 통해 활발하게 교류해 왔습니다. 더욱이 최근 들어 K팝과 드라마 등 한류 컨텐츠들이 중국 사람들의 마음을 움직이면서 정치, 경제뿐만 아니라 문화 콘텐츠들의 중요성도 날로 커져가고 있습니다.

특히 중국이 미국과 함께 세계 경제를 움직이는 G2국가로 발돋움함에 따라 중국 시장에 진출하려는 한국 기업들의 숫자도 증가하고 있습니다. 과거 영어와 일본어를 중점으로 배웠던 것이 영어와 중국어로 바뀌어 가고 있다는 방증이기도 합니다. 중국에 진출했거나 진출하려는 비즈니스맨들에게 있어 중국어의 필요성은 거듭 강조해도 지나침이 없는 이유입니다.

이런 이유로 국내 대기업 및 많은 중소기업에서 임직원들에게 중국어 학습을 지원해주고 있습니다. 저자 자신도 많은 국내 기업들의 강의를 해오면서 다양한 교재로 강의를 해봤지만 회사원들의 실용적인 회화의 중점을 둔 교재가 많이 없다는 점에 늘 아쉬움이 있었습니다. 중국과의 비즈니스 기회가 많아지고 한국을 관광하는 중국인들의 숫자가 일본을 추월하면서 일상 중국어뿐 아니라 실전 비즈니스에서 사용할 수 있는 중국어가 이제는 필요한 시점입니다.

총 4권으로 구성된 이 책에는 중국어 입문, 초중급 학습자들을 위한 중국어 발음부터~중급 단계까지의 모든 문법 내용을 담고 있습니다. 또 매 과의 회화를 2개씩 담아 회사에서 일상적으로 일어나는 내용과 상황으로 꾸며 비즈니스 중국어 회화까지 쉽게 익힐 수 있도록 만들었습니다.

또한 많은 기업에서 요구하고 있는 TSC(Test of Spoken Chinese)를 미리 연습할 수 있도록 일상생활 및 비즈니스 상황 등을 소재로 해 질문에 답하거나 과제를 수행하는 형식을 연습문제로 다뤘습니다. TSC는 '중국어 말하기 시험'으로 학교는 물론 국내 유수기업과 국가 기관 등에서 중국어 말하기 실력을 평가하는 기준으로 쓰이고 있습니다.

이 책으로 학습해 원활한 커뮤니케이션 능력을 습득하고, 특히 중국과의 비즈니스에서 적극 활용할 수 있기를 바랍니다. 저자 또한 이 책이 여러분의 중국어에 밑거름이 됐으면 하는 작은 바람과 좋은 성과를 얻을 수 있는데 조금이나마 도움이 될 수 있기를 기대해 봅니다.

마지막으로 이번 중국어 교재를 쓰는데 아낌없는 응원과 큰 힘을 실어주신 시사중국어사의 박응철 이사님과 편집부 전유진 팀장님께 깊은 감사의 마음을 함께 올립니다.

아울러 든든한 버팀목이 된 가족들에게도 고마운 마음 전합니다.

정인선

차례

머리말 3
이 책의 활용법 6
TSC 소개 8
품사 정리 10
중국 소개 12

제01과 这次公司派我跟代理一起出差。
Zhè cì gōngsī pài wǒ gēn dàilǐ yìqǐ chūchāi. 15
이번에 회사에서 저한테 대리님과 같이 출장을 가라고 합니다.

학습내용 의문대사 의문문 / 동사의 중첩 / A跟B 一起
더하기 사무실에 관련된 단어

제02과 我想订飞机票。 Wǒ xiǎng dìng fēijīpiào. 29
저는 비행기 표를 예약하고 싶습니다.

학습내용 从……到 / 선택의문문 / 이중목적어를 갖는 동사
더하기 항공사 종류 / 좌석 등급에 따른 표현 / 좌석 위치에 따른 표현

제03과 听说下星期你们来北京。
Tīngshuō xià xīngqī nǐmen lái Běijīng. 43
다음 주에 베이징에 오신다고 들었습니다.

학습내용 조동사 / 이메일 주소 말하는 방법
더하기 중국 입국 신고서
문화 한국 기업 중국 진출 성공 사례① - 오리온 초코파이

제04과 你家有几口人？ Nǐ jiā yǒu jǐ kǒu rén? 59
당신의 가족은 몇 식구입니까?

학습내용 가족 수 묻고 답하는 표현 / 나이 묻는 표현 / 多를 이용한 의문문
더하기 가족 호칭

제05과 欢迎你们来北京。 Huānyíng nǐmen lái Běijīng. 73
베이징에 오신 걸 환영합니다.

학습내용 연동문 / 조동사 应该 / 개사구를 이용한 문장 어순 알기
더하기 공항에 관련된 단어

제06과 为我们的友谊和健康干杯！
Wèi wǒmen de yǒuyì hé jiànkāng gānbēi! 87

우리들의 우정과 건강을 위하여 건배!

학습내용 음식 주문하는 방법 / 형용사의 중첩 / 최상급 표현 最
더하기 중국의 8대 명주
문화 중국의 식사 예절

제07과 北京的天气跟首尔差不多。
Běijīng de tiānqì gēn Shǒu'ěr chàbuduō. 103

베이징의 날씨는 서울과 비슷합니다.

학습내용 A跟B一样 / 的时候 / 현재진행형
더하기 날씨에 관련된 표현

제08과 请给我发票。 Qǐng gěi wǒ fāpiào. 117

영수증 주세요.

학습내용 A 是 A, 不过 / 会 / 一点儿
더하기 교통수단에 관련된 단어

제09과 太贵了，便宜一点儿吧。 Tài guì le, piányi yìdiǎnr ba. 131

너무 비싸요, 좀 싸게 해 주세요.

학습내용 有点儿 / 觉得 / 或者
더하기 여러 종류의 상점
문화 한국 기업 중국 진출 성공 사례② - 농심 신라면 (辛拉面)

간체자 구성 원칙 148
한자 필순의 기본 원칙 149
해석 150
연습문제 정답 156
과별 색인 161
병음 색인 169

이 책의 활용법

단원 시작
주요 학습 내용과 주인공의 말풍선을 통해 이 과에서 배울 내용을 미리 알 수 있도록 하였습니다.

이 표시는 MP3 음성의 track 번호입니다. (MP3 음성 중에서 일부 어휘는 실제 발음에서 경성화하기 때문에 표준 한어병음 성조 표기와 다소 다를 수 있습니다.)

핵심 문장 다시보기
새로운 과를 배우기 전에 앞의 과에서 배운 내용 중 핵심 문장을 복습할 수 있도록 하였습니다.

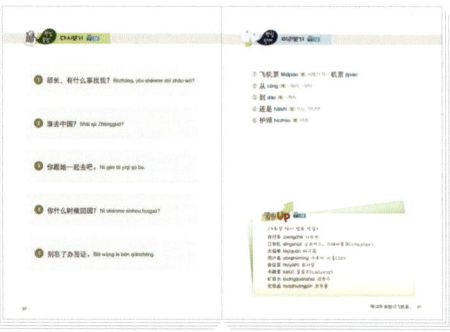

핵심 단어 미리보기
그 과에서 배울 새로운 단어 중에서 핵심 단어 5개를 미리 익히고 본문을 공부할 수 있도록 하였습니다.

회화
간단하면서도 실생활에 활용 가능하도록 중국 출장 과정에서 접하게 될 상황들을 순서대로 구성하였습니다. 또한, 보충 설명이 필요한 부분은 Tip을 추가하였습니다.

꼬마사전
각 회화에 나오는 새로운 단어를 보기 좋게 정리했습니다.

정리노트
본인이 직접 어법을 정리한 것 같은 느낌으로 어법을 간단명료하게 정리해서 쉽게 익힐 수 있도록 하였습니다.

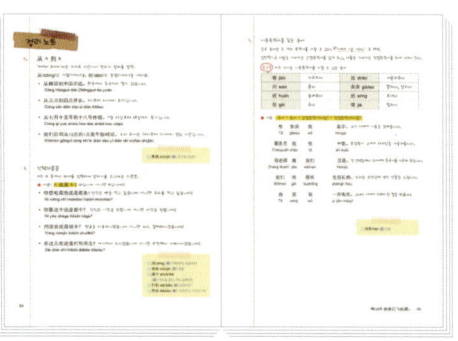

핵심 표현 짚어보기
각 과에서 보충설명이 필요한 두 개의 구문들을 간단하게 설명하고, 예문들을 통해 그 구문을 충분히 연습할 수 있도록 구성하였습니다.

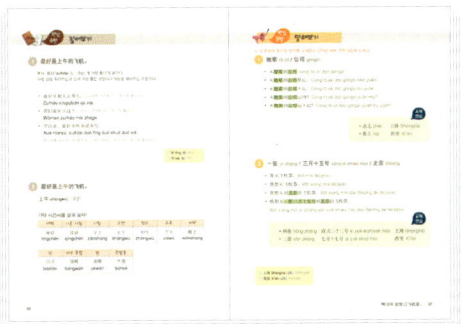

핵심 문형 말해보기
문형연습을 하면서 중국어 어순에 맞게 문장을 정확하게 말할 수 있는 연습을 충분히 할 수 있도록 문장 확장 형태로 구성하였습니다.

연습문제
각 과에서 배운 내용들을 듣기, 말하기, 읽기, 쓰기로 나눠서 복습할 수 있도록 구성하였습니다.

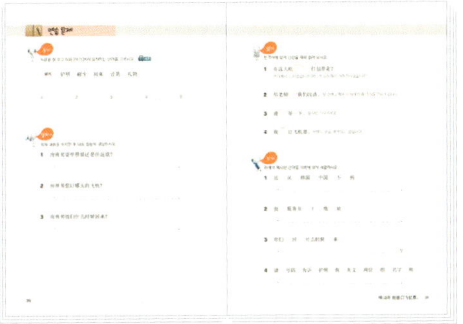

TSC 도전하기
중국어말하기시험 TSC의 문제 유형으로 말하기 연습과 동시에 TSC 시험 대비까지 한번에 할 수 있도록 하였습니다.

더하기
각 과와 관련된 추가 단어들을 익힐 수 있게 하여 더 풍부한 어휘력을 갖출 수 있도록 하였습니다.

읽을 거리
중국 문화를 사진과 함께 소개해서 중국을 이해하는 데 도움이 되도록 하였습니다.

TSC 소개

1. TSC란?

TSC는 Test of Spoken Chinese의 약자다.
컴퓨터에 장착된 헤드셋을 이용하여 시험이 진행되며 응시자는 각자의 헤드셋을 통해 문제를 듣고 제한된 시간내에 헤드셋에 장착된 마이크를 통해 답변을 녹음하는 인터뷰 형식의 중국어 말하기 능력 시험이다.
TSC는 총 26문항의 문제가 출제되며, 응시자가 녹음한 답변을 발음, 어휘, 문법, 유창성 등으로 평가 항목을 구분하여 수준에 따라 1급부터 10급까지의 등급으로 표시하여 성적표를 제공한다.

2. 구성

* TSC는 모두 7개의 파트 / 총 26문항으로 구성된다.
* 평가시간은 50분(오리엔테이션: 20분, 시험: 30분)정도 소요된다.

구분		구성	문항 수	준비 시간(초)	대답 시간(초)
제1부분	自我介绍 (자기 소개)	간단한 자기소개	4	0	10
제2부분	看图回答 (그림보고 대답하기)	제시된 그림에 맞는 답변 완성	4	3	6
제3부분	快速回答 (신속하게 대답하기)	일상생활과 관련된 화제에 대해 대화 완성	5	2	15
제4부분	简短回答 (간단하게 대답하기)	일상적인 화제에 대해 간단히 설명	5	15	25
제5부분	拓展回答 (확장하여 대답하기)	자신의 견해를 논리적으로 확장 및 전개	4	30	50
제6부분	情景应对 (상황에 맞게 대응하기)	주어진 상황에 적절히 대응하여 답변	3	30	40
제7부분	看图说话 (그림보고 말하기)	연속된 그림 4개를 보고 스토리 만들어 답변	1	30	90

* 응시자의 부담을 최소화하기 위하여 시험의 전반부는 비교적 대답하기가 쉬운 난이도의 문제들이 출제되며 시험에 적응하고 어느 정도 자신감을 갖고 대답할 수 있는 후반부로 가면 점점 문제의 난이도가 높아지도록 설정되었다.

3. TSC 등급

LEVEL		내용
1급	初级 (초급)	인사와 이름, 나이 등 간단한 자기소개 가능 수준
2급		학습한 단어와 구를 활용하여 제한적이지만 기초 회화 구사 가능
3급	中级 (중급)	간단한 수준의 초급 회화 구사 가능
4급		초급 회화 구사 가능, 기초적인 사회활동에 필요한 대화가 가능하나 발음, 어휘, 문법 오류가 종종 있으며, 말하는 속도가 약간 느림
5급		초·중급 회화 구사 가능, 일상화제에 대하여 구체적으로 답변 가능 현지에서 기본적인 사회 생활하는데 큰 문제가 없는 수준 기본적인 문법과 어휘를 활용하여 쉬운 주제에 관한 설명이 가능하고, 구사력은 우수한 편이나 발음, 어휘, 문법 오류 잦음
6급		중급 회화 구사 가능, 일반적인 주제에 대해 자유롭게 표현 가능 고급 수준의 문법을 충분히 이해하고 있지 못해서 활용도가 떨어져 어휘, 문법 오류 잦음
7급		중·고급 회화 구사 가능, 익숙하지 않은 화제 또는 고급 수준의 화제에 대해서도 어느 정도 답변이 가능하지만 실수가 있고, 고급 부분에서 유창성이 떨어짐
8급	上级 (상급)	고급 회화 구사, 대부분 일상화제에 대하여 분명하고, 설득력을 갖추어 말할 수 있는 수준, 비교적 폭넓은 어휘와 고급 수준의 문법을 활용하여 자신의 의견 전달이 가능하지만 실수가 종종 있고 고급 부분에서 유창성이 떨어짐
9급		고급 회화 구사 가능, 전범위 유창하게 발화함
10급		최고급 회화 구사 가능, 전범위 최상의 중국어 실력

* 주요 기업에서 직원 채용 및 승진 평가 기준으로 TSC를 인정하고 있다.
 (일반적으로 LEVEL4부터 어학성적으로 인정)

품사 정리   *품사란? 한 단어가 갖고 있는 성질을 말하는 것

- **명사**   사람이나 사물의 명칭을 나타내는 말
- **대(명)사**   명사를 대신하는 말
- **동사**   사람 또는 사물의 동작이나 상태를 나타내는 말
- **조동사**   동사 앞에서 동사를 도와 능력, 가능성, 허가, 의무, 바람 등을 나타내는 말
- **형용사**   사물이나 사람의 성질, 상태를 나타내는 말
- **수사**   수를 나타내는 말
- **양사**   명사의 수량이나 동작의 횟수를 셀 때 쓰는 말
- **부사**   시간, 장소, 빈도 등의 뜻으로 동사를 수식하거나 정도의 뜻으로 쓰여 형용사를 수식하는 말
- **개사(전치사)** 명사, 대(명)사 앞에 쓰여 시간, 장소, 대상 등을 나타내는 말
  [전치사 + 목적어(명사)]형태로 구(句)를 만들어 부사어, 관형어, 보어로 쓰임
- **접속사**   단어와 단어, 구와 구, 절과 절을 연결하는 말
  (*접속사는 연결을 해주는 것이므로 단독으로 문장 성분이 될 수 없다.)
- **조사**   단어를 연결하고 구를 구성하는 역할을 하는 말
  (*일반적으로 단독 사용 불가하며, 구체적인 의미도 없다.)
- **감탄사**   놀람, 대답, 감탄, 응답, 기쁨 등을 나타내는 말
  (*보통 문장 앞에 위치하고, 단독으로 문장 성분이 될 수 없다.)
- **의성사**   사물이나 사람, 자연에서 나는 소리를 표현하는 말

문장 성분

- **주어[主语]**   서술의 대상으로 동작을 하거나 동작을 받는 성분 (명사/대사)
- **술어[谓语]**   문장에서 주어가 '어떻다'라고 설명해주는 성분 (동사/형용사)
- **목적어[宾语]**   동작의 대상을 나타내는 성분
- **한정어(관형어)[定语]**   주어나 목적어 앞에서 수식 또는 제한하는 성분
- **상황어(부사어)[状语]**   술어 혹은 문장 앞에서 동작 혹은 문장의 전체의 상황을 설명하는 성분
- **보어[补语]**   술어 뒤에서 술어를 보충, 설명하는 성분

품사 약호표

약호	한국어	중국어	발음
명	명사	名词	míngcí
고유	고유명사	专有名词	zhuānyǒu míngcí
대	대(명)사 인칭대(명)사 지시대(명)사 의문대(명)사	代词 人称代词 指示代词 疑问代词	dàicí rénchēng dàicí zhǐshì dàicí yíwèn dàicí
동	동사	动词	dòngcí
조동	조동사 (능원동사)	助动词 (能愿动词)	zhùdòngcí (néngyuàn dòngcí)
형	형용사	形容词	xíngróngcí
수	수사	数词	shùcí
양	양사 명량사 동량사	量词 名量词 动量词	liàngcí míngliàngcí dòngliàngcí
부	부사	副词	fùcí
개	개사(전치사)	介词	jiècí
접	접속사	连词	liáncí
조	조사 동태조사 구조조사 어기조사	助词 动态助词 结构助词 语气助词	zhùcí dòngtài zhùcí jiégòu zhùcí yǔqì zhùcí
감탄	감탄사	叹词	tàncí
의성	의성사	象声词	xiàngshēngcí

중국 소개

1. 중국 국명(国名)

중화인민공화국(中华人民共和国 Zhōnghuá Rénmín Gōnghéguó) / 약칭- 중국(中国)
중화인민공화국은 1949년 10월 1일 마오쩌둥(毛泽东 Máo Zédōng)전 국가주석이 천안문광장에서 '중국인민은 일어섰다'라고 선포함으로써 공식적으로 탄생되었다. 중국 최대 명절 중 하나인 국경절은 이날을 기념하기 위해 제정되었다.

2. 중국 국기(国旗)

오성홍기(五星红旗 wǔxīnghóngqí)
빨간색 바탕에 좌측 상단에 5개의 노란색 별이 그려져 있다. 1개의 큰 별이 우측에 있고, 4개의 작은별이 감싸고 있는 모양이다. 큰 별은 중국공산당을 나타내고 4개의 작은별은 노동자, 농민, 도시소자산계급, 민족자산계급을 의미한다. 중국공산당 지도하에 인민들의 대단결을 상징하고 있는 것이다. 빨간색 바탕은 혁명을 상징하며 별이 노란색인 이유는 황색인종과 황화문명을 상징한다.

3. 중국 휘장(国徽)

빨간 바탕과 노란별이 나타내는 상징적 의미는 중국의 휘장에서도 보인다. 중국의 국가 휘장은 전체적으로 원형이고, 다섯개 별 아래 천안문이 도안의 중심을 이루며, 주위는 곡식의 이삭과 톱니로 되어 있다. 여기서 천안문은 혁명전통과 새로운 민족정신을 상징하고, 쌀과 보리 이삭은 농민을 의미하고, 아래의 톱니바퀴는 공장 노동자를 의미한다. 중국의 국가 휘장은 주요 기관의 현관이나 동전 뒷면에서 쉽게 찾아볼 수 있다.

4. 중국 국가(国歌)

의용군행진곡(义勇军进行曲 Yìyǒngjūn Jìnxíngqǔ)
일본제국주의에 항전하던 시기에 만들어져 1949년 중국의 국가로 채택되었으며, 국가 수호와 민족의 존엄을 위한 중화민족의 굳센 의지와 불굴의 정신이 영원할 것을 담고 있다.

5. 중국 행정 구역

1. 4개의 직할시[直辖市 zhíxiáshì]

북경시(베이징) : 北京市(京) Běijīng Shì	천진시(톈진) : 天津市(津) Tiānjīn Shì
상해시(상하이) : 上海市(沪) Shànghǎi Shì (Hù)	중경시(충칭) : 重庆市(渝) Chóngqìng Shì (Yú)

2. 23개의 성[省 shěng]

하북성 : 河北省(冀) Héběi Shěng (Jì)	산서성 : 山西省(晋) Shānxī Shěng (Jìn)
요녕성 : 辽宁省(辽) Liáoníng Shěng	길림성 : 吉林省(吉) Jílín Shěng
흑룡강성 : 黑龙江省(黑) Hēilóngjiāng Shěng	강소성 : 江苏省(苏) Jiāngsū Shěng
절강성 : 浙江省(浙) Zhèjiāng Shěng	안휘성 : 安徽省(皖) Ānhuī Shěng (Wǎn)
복건성 : 福建省(闽) Fújiàn Shěng (Mǐn)	강서성 : 江西省(赣) Jiāngxī Shěng (Gàn)
산동성 : 山东省(鲁) Shāndōng Shěng (Lǔ)	하남성 : 河南省(豫) Hénán Shěng (Yù)
호북성 : 湖北省(鄂) Húběi Shěng (È)	호남성 : 湖南省(湘) Húnán Shěng (Xiāng)
광동성 : 广东省(粤) Guǎngdōng Shěng (Yuè)	해남성 : 海南省(琼) Hǎinán Shěng (Qióng)
사천성 : 四川省(川, 蜀) Sìchuān Shěng (Shǔ)	귀주성 : 贵州省(贵, 黔) Guìzhōu Shěng (Qián)
운남성 : 云南省(云, 滇) Yúnnán Shěng (Diān)	섬서성 : 陕西省(陕, 秦) Shǎnxī Shěng (Qín)
감숙성 : 甘肃省(甘, 陇) Gānsù Shěng (Lǒng)	청해성 : 青海省(青) Qīnghǎi Shěng
대만성 : 台湾省(台) Táiwān Shěng	

3. 5개의 자치구[自治区 zìzhìqū]

내몽고자치구	: 内蒙古自治区(内蒙古) Nèiměnggǔ Zìzhìqū
광서장족자치구	: 广西壮族自治区(桂) Guǎngxī Zhuàngzú Zìzhìqū (guì)
영하회족자치구	: 宁夏回族自治区(宁) Níngxià Huízú Zìzhìqū
신장 위구르자치구	: 新疆维吾尔自治区(新) Xīnjiāng Wéiwú'ěr Zìzhìqū
서장 자치구	: 西藏自治区(藏) Xīzàng Zìzhìqū

4. 2개의 특별행정구[特别行政区 tèbiéxíngzhèngqū]

홍콩	: 香港特别行政区(港) Xiānggǎng Tèbiéxíngzhèngqū
마카오	: 澳门特别行政区(澳) Àomén Tèbiéxíngzhèngqū

* 홍콩은 1997년 영국으로부터, 마카오는 1999년 포르투갈로부터 중국으로 반환되었다.
  이 두 특별행정구는 '일국양제 (一国两制)'의 정치제도로 통치된다.
* 괄호( )안 글자는 지명의 약자이다.

중국 행정 구역

제01과
这次公司派我跟代理一起出差。
Zhè cì gōngsī pài wǒ gēn dàilǐ yìqǐ chūchāi.

주요 학습 내용

의문대사 의문문 / 동사의 중첩 / A 跟 B 一起

잠깐 인사팀 다녀온 사이
부장님께서 날 찾으셨다네.
무슨 일이시지? 늘 환한 미소로 날 대해 주셔도
난 부장님이 무서워.
뜨악~ 부장님께 출장 명령을 받았다.
입사 후 처음 가는 출장을
깍쟁이 오 대리님과 같이 가라니!
첩첩산중이로구나!ㅠ.ㅠ

등장인물 소개 🎧 01

房贵男 Fáng Guìnán 방귀남 : 주인공
동광회사 신입사원 / 29세 / 남 / 어리바리한 편

韩万恩 Hán Wàn'ēn 한만은
동광회사 해외영업팀 부장 / 50세 / 남 / 깐깐하지만 정이 많은 편

崔大韩 Cuī Dàhán 최대한
동광회사 베이징 지사 차장 / 40세 / 남 / 온화하고 친절함

高大路 Gāo Dàlù 고대로
동광회사 해외영업팀 과장 / 40세 / 남 / 만년과장

吴公主 Wú Gōngzhǔ 오공주
동광회사 해외영업팀 대리 / 31세 / 여 / 예쁜 깍쟁이

핵심단어 미리보기 🎧02

① 找 zhǎo 〔동〕 찾다, (돈을) 거슬러주다
② 出差 chū//chāi 〔동〕 출장 가다
③ 安排 ānpái 〔동〕 (인원, 시간 등을) 안배하다, 일을 처리하다
④ 准备 zhǔnbèi 〔명〕〔동〕 준비, 준비하다
⑤ 需要 xūyào 〔동〕 필요하다, 요구되다

※ 이합동사는 병음 사이에 '//'로 표시하였습니다.

발음UP 🎧03

〈틀리기 쉬운 발음들〉

mǎi 买 사다	–	mài 卖 팔다
nà 那 그, 저	–	nǎ 哪 어느
shísì 十四 14	–	sìshí 四十 40
zhīdao 知道 알다	–	chídào 迟到 지각하다
xiūxi 休息 휴식하다	–	xuéxí 学习 공부하다
jīchǎng 机场 공항	–	qǐchuáng 起床 일어나다

제01과 这次公司派我跟代理一起出差。

 회화

회화 ❶

房贵男　部长，有什么事找我?
　　　　Bùzhǎng, yǒu shénme shì zhǎo wǒ?

韩万恩　这个月吴代理要去北京分公司出差，
　　　　Zhège yuè Wú dàilǐ yào qù Běijīng fēngōngsī chūchāi,
　　　　你跟她一起去吧。
　　　　nǐ gēn tā yìqǐ qù ba.

房贵男　哦，部长，什么时候去?
　　　　Ó, bùzhǎng, shénme shíhou qù?

韩万恩　四月中旬，等等，我看看行程安排。
　　　　Sì yuè zhōngxún, děngdeng, wǒ kànkan xíngchéng ānpái.
　　　　四月十三号出发，四天三夜。
　　　　Sì yuè shísān hào chūfā, sì tiān sān yè.

房贵男　好!
　　　　Hǎo!

Tip
여기서 '等等'은 '잠깐만요'란 뜻으로 쓰였다. '等等'은 '등등'이란 뜻도 있다.

Tip
'3박 4일'이란 뜻으로, '몇 박 며칠'을 나타낼 때는 'A天B夜(B박 A일)' 형태로 쓰인다.

꼬마사전

□ 找 zhǎo
　[동] 찾다, (돈을) 거슬러주다

□ 分公司 fēngōngsī
　(기업체의) 지사, 지점

□ 出差 chū//chāi
　[동] 출장 가다

□ 跟 gēn
　[개] ~와/과

□ 什么时候 shénme shíhou
　[대] 언제

□ 中旬 zhōngxún
　[명] 중순
　(上旬 shàngxún 상순 / 下旬 xiàxún 하순)

□ 行程 xíngchéng
　[명] 진행 과정

□ 安排 ānpái
　[동] 안배하다

□ 出发 chūfā
　[동] 출발하다

회화 ❷

吴公主　部长为什么找你啊？
　　　　Bùzhǎng wèishénme zhǎo nǐ a?

房贵男　这次公司派我跟代理一起出差。
　　　　Zhè cì gōngsī pài wǒ gēn dàilǐ yìqǐ chūchāi.

吴公主　是吗？这次出差你来准备吧。
　　　　Shì ma? Zhè cì chūchāi nǐ lái zhǔnbèi ba.
　　　　有不懂的就问我。
　　　　Yǒu bù dǒng de jiù wèn wǒ.
　　　　对了，去中国需要签证，
　　　　Duì le, qù Zhōngguó xūyào qiānzhèng,
　　　　别忘了办签证。
　　　　bié wàng le bàn qiānzhèng.

房贵男　好的。
　　　　Hǎo de.

吴公主　辛苦了。
　　　　Xīnkǔ le.

Tip
갑자기 무엇인가 생각났을 때 '맞다!'의 의미로 사용한다.

꼬마사전

□ 为什么 wèishénme
　대　왜, 어찌하여

□ 这次 zhè cì
　대　이번
　(上次 shàng cì 지난번 /
　下次 xià cì 다음 번)

□ 派 pài 동 파견하다

□ 准备 zhǔnbèi
　명 동 준비, 준비하다

□ 懂 dǒng
　동 이해하다, 알다

□ 问 wèn
　동 묻다

□ 需要 xūyào
　동 필요하다

□ 签证 qiānzhèng
　명 비자(visa)

□ 忘 wàng
　동 잊다

제01과 这次公司派我跟代理一起出差。　19

정리 노트

1. 의문대사 의문문

   의문대사(기본적으로 육하원칙에 해당됨)를 사용하여 대상, 방식, 장소, 원인 등을 묻는 의문문을 '의문대사 의문문'이라 함. 의문대사가 쓰여도 문장의 어순은 바뀌지 않는다.

   대표적인 의문대사는 다음과 같다.

의문대사	한국어 뜻	의문대사	한국어 뜻
谁 shéi	누구, 누가	什么时候 shénme shíhou	언제
哪儿 nǎr	어디	什么 shénme	무엇
怎么 zěnme	어떻게	为什么 wèishénme	왜
哪 nǎ	어느	怎么样 zěnmeyàng	어때요

   ▶ '묻고 싶은 부분을 의문대사로 바꿔 넣는다'라고 생각하자!

   1. A: 谁去中国? Shéi qù Zhōngguó? 누가 중국에 갑니까?
      B: 小金去中国。 Xiǎo Jīn qù Zhōngguó. 샤오진이 중국에 갑니다.

   2. A: 她是谁? Tā shì shéi? 그녀는 누구입니까?
      B: 她是我同事。 Tā shì wǒ tóngshì. 그녀는 내 동료입니다.

   3. A: 你什么时候回国? Nǐ shénme shíhou huíguó? 당신은 언제 귀국합니까?
      B: 我下星期回国。 Wǒ xià xīngqī huíguó. 나는 다음 주에 귀국합니다.

   4. A: 你去哪儿? Nǐ qù nǎr? 당신은 어디에 갑니까?
      B: 我去邮局。 Wǒ qù yóujú. 나는 우체국에 갑니다.

   5. A: 你买什么? Nǐ mǎi shénme? 당신은 무엇을 삽니까?
      B: 我买蛋糕。 Wǒ mǎi dàngāo. 나는 케이크를 삽니다.

   6. A: 这个字怎么念? Zhège zì zěnme niàn? 이 글자는 어떻게 읽습니까?
      B: 这个字这么念。 Zhège zì zhème niàn. 이 글자는 이렇게 읽습니다.

   7. A: 你为什么去中国? Nǐ wèishénme qù Zhōngguó? 당신은 왜 중국에 갑니까?
      B: 我去出差。 Wǒ qù chūchāi. 나는 출장 갑니다.

   8. A: 你要哪个? Nǐ yào nǎ ge? 당신은 어느 것을 원합니까?
      B: 我要这个。 Wǒ yào zhège. 나는 이것을 원합니다.

   ☐ 回国 huí//guó 〔동〕 귀국하다
   ☐ 字 zì 〔명〕 글자
   ☐ 念 niàn 〔동〕 (소리 내어) 읽다
   ☐ 这么 zhème 이렇게

2. 동사의 중첩

동작/행위를 나타내는 동사를 중첩하면 '좀 ~하다 / 시험 삼아 ~해 보다'라는 의미.
동사의 중첩은 문장의 어기를 가볍고 말투를 부드럽게 하는 역할을 함.

(1) 1음절: A → AA, A—A

说 shuō : 说说 shuōshuo, 说一说 shuō yi shuō 말해 보다

想 xiǎng : 想想 xiǎngxiang, 想一想 xiǎng yi xiǎng 생각해 보다

주의⚡ ① 강조의 의미가 아님을 주의하자!
② "AA"일 때, 뒤에 'A'는 성조 없이 가볍게 발음한다.

- 这是我们的合同书，您看看。 이것은 우리의 계약서입니다. 한번 보세요.
  Zhè shì wǒmen de hétongshū, nín kànkan.

③ "A—A"일 때, '一'는 경성으로 발음한다.

(2) 2음절: AB → ABAB

休息 xiūxi : 休息休息 xiūxi xiūxi 좀 쉬다

介绍 jièshào : 介绍介绍 jièshao jièshao 소개해 주다

주의⚡ 동사 2음절의 중첩 시, 제 2음절과 제4음절은 경성으로 가볍게 발음한다.

- 明天我想看一看电视，学习学习。 내일 나는 TV를 보고, 공부하고 싶습니다.
  Míngtiān wǒ xiǎng kàn yi kàn diànshì, xuéxi xuéxi.

★보충 이합동사 중첩시에는 AAB형태이다.

散步 sànbù - 散散步 sànsànbù 산책 좀 하다

聊天儿 liáotiānr - 聊聊天儿 liáoliáotiānr 수다 좀 떨다, 잡담 좀 하다

☐ 合同书 hétongshū 〔명〕 계약서
☐ 电视 diànshì 〔명〕 텔레비전
☐ 学习 xuéxí 〔명〕〔동〕 공부, 공부하다
☐ 散步 sàn//bù 〔동〕 산책하다
☐ 聊天儿 liáo//tiānr 〔동〕 수다떨다, 잡담하다

제01과 这次公司派我跟代理一起出差。

핵심 표현 짚어보기

1 我跟代理一起出差。

A 跟(和) B 一起: A는 B와(과) 같이

- 我跟同事们一起吃午饭。 나는 동료들과 같이 점심을 먹습니다.
  Wǒ gēn tóngshìmen yìqǐ chī wǔfàn.
- 我跟儿子一起去公园玩儿。 나는 아들과 함께 공원에 가서 놉니다.
  Wǒ gēn érzi yìqǐ qù gōngyuán wánr.

☐ 儿子 érzi 명 아들
☐ 公园 gōngyuán 명 공원
☐ 玩儿 wánr 동 놀다

2 别忘了办签证。

'别(bié)'는 부정부사로 '~하지 마라'라는 뜻의 금지를 나타낸다.
'不要(búyào)'로 바꿔 말할 수 있다.

- 你别抽烟。　　　=　你不要抽烟。 담배 피우지 마세요.
  Nǐ bié chōuyān.　　　Nǐ búyào chōuyān.
- 你别吃夜宵。　　　=　你不要吃夜宵。 야식 먹지 마세요.
  Nǐ bié chī yèxiāo.　　　Nǐ búyào chī yèxiāo.
- 你们别迟到。　　　=　你们不要迟到。 지각하지 마세요.
  Nǐmen bié chídào.　　　Nǐmen búyào chídào.

☐ 抽烟 chōu//yān 동 담배를 피다
☐ 夜宵 yèxiāo 명 야식

 말해보기

※ 각 번호에 표시된 단어를 교체연습 단어로 바꿔 가며 연습해 보세요!

1 我们 wǒmen / 见 jiàn

- 什么时候 shénme shíhou
- 什么时候见? Shénme shíhou jiàn?
- 我们什么时候见? Wǒmen shénme shíhou jiàn?
- 我们明天见。 Wǒmen míngtiān jiàn.

 교체연습

- 她们 tāmen   毕业 bìyè
- 他们 tāmen   结婚 jiéhūn

2 找 zhǎo / 钱包 qiánbāo

- 找什么? Zhǎo shénme?
- 你找什么? Nǐ zhǎo shénme?
- 你找钱包吗? Nǐ zhǎo qiánbāo ma?
- 我找钱包。 Wǒ zhǎo qiánbāo.

 교체연습

- 看 kàn   手表 shǒubiǎo
- 买 mǎi   水果 shuǐguǒ

☐ 毕业 bì//yè 동 졸업하다
☐ 结婚 jié//hūn 동 결혼하다
☐ 钱包 qiánbāo 명 지갑
☐ 手表 shǒubiǎo 명 손목시계
☐ 水果 shuǐguǒ 명 과일

연습 문제

듣기

녹음을 잘 듣고 다음 [보기]에서 일치하는 단어를 고르시오. 06

| 보기 | 安排 | 准备 | 需要 | 出发 | 回国 |

① _____ ② _____ ③ _____ ④ _____ ⑤ _____

 말하기

아래의 문장을 이용하여 의문대사가 들어간 4개의 의문문을 만들어 말해 보시오.

♠ 房贵男明天去商店买衣服。

ex) 房贵男明天去商店做什么?

1 _____。

2 _____。

3 _____。

4 _____。

한국어에 맞게 빈칸을 채워 읽어 보시오.

1 我 ☐ 同事们 ☐ ☐ 吃午饭。나는 동료들과 같이 점심을 먹습니다.

2 你 ☐ ☐ 抽烟。담배 피우지 마세요.

3 ☐ 忘了办签证。비자 신청하는 거 잊지 마세요.

4 这 ☐ 出差你来准备吧。이번 출장은 당신이 준비해 보세요.

아래의 제시된 단어를 의미에 맞게 배열하시오.

1 我 去 跟 一起 总经理 出差
   → _____。

2 部长 事 有 找 什么 我
   → _____？

3 这 我们 合同书 是 您 看 的 看
   → _____。

4 你 抽烟 要 不
   → _____。

제01과 这次公司派我跟代理一起出差。 25

TSC 도전하기

그림보고 대답하기 (준비 시간: 3초 / 대답 시간: 6초) 07

문제1.

(3초)   제시음_____(6초)_____끝。

그림보고 대답하기 (준비 시간: 3초 / 대답 시간: 6초) 08

문제2.

(3초)   제시음_____(6초)_____끝。

신속하게 대답하기　(준비 시간: 2초 / 대답 시간 15초)

문제3.

(2초)　제시음＿＿＿＿(15초)＿＿＿＿끝。

간단하게 대답하기　(준비 시간: 15초 / 대답 시간 25초)

문제4.

一般你跟谁一起吃午饭？

(15초)　제시음＿＿＿(25초)＿＿＿끝。

* 참고 단어: 一般 yìbān 〔형〕 보통이다, 일반적이다

사무실에 관련된 단어

- 办公室 bàngōngshì 사무실
- 会议室 huìyìshì 회의실
- 办公桌 bàngōngzhuō 사무용 책상
- 椅子 yǐzi 의자
- 台历 táilì 달력
- 电脑 diànnǎo 컴퓨터
- 电话 diànhuà 전화
- 传真 chuánzhēn 팩스
- 打印机 dǎyìnjī 프린터

- 复印机 fùyìnjī 복사기
- 抽屉 chōuti 서랍
- 文件柜 wénjiànguì 서류함
- 资料 zīliào 자료
- 空调 kōngtiáo 에어컨
- 垃圾桶 lājītǒng 쓰레기통
- 冰箱 bīngxiāng 냉장고
- 饮水机 yǐnshuǐjī 정수기
- 杯子 bēizi 컵

제 02 과
我想订飞机票。
Wǒ xiǎng dìng fēijīpiào.

주요 학습 내용
从……到 / 선택의문문 / 이중목적어를 갖는 동사

> 출장 가기 전 모든 준비를 직접 해보라고 하신 오 대리님 덕분에 할 일이 산더미! 오 대리님 성격에 하나라도 실수하면… 윽!! 생각만해도 아찔하다. >.<
> 그럼 먼저 비행기 표 예약부터 해볼까나~

핵심문장 다시보기 🎧 12

1. 部长，有什么事找我？ Bùzhǎng, yǒu shénme shì zhǎo wǒ?

2. 谁去中国？ Shéi qù Zhōngguó?

3. 你跟她一起去吧。 Nǐ gēn tā yìqǐ qù ba.

4. 你什么时候回国？ Nǐ shénme shíhou huíguó?

5. 别忘了办签证。 Bié wàng le bàn qiānzhèng.

핵심단어 미리보기 🎧13

① 飞机票 fēijīpiào 명 비행기 표(= 机票 jīpiào)

② 从 cóng 개 ~에서, ~부터

③ 到 dào 개 ~까지

④ 还是 háishi 접 또는, 아니면

⑤ 护照 hùzhào 명 여권

발음UP 🎧14

〈3음절 단어 발음 연습〉

自行车 zìxíngchē 자전거
订书机 dìngshūjī 호치키스, 스테이플러(stapler)
太极拳 tàijíquán 태극권
用户名 yònghùmíng 사용자 이름(ID)
会议室 huìyìshì 회의실
卡路里 kǎlùlǐ 칼로리(calorie)
矿泉水 kuàngquánshuǐ 광천수
化妆品 huàzhuāngpǐn 화장품

회화 ①

航空公司	喂，您好。中国国际航空公司。
	Wéi, nín hǎo. Zhōngguó Guójì Hángkōnggōngsī.

房贵男	你好。我想订飞机票。
	Nǐ hǎo. Wǒ xiǎng dìng fēijīpiào.

航空公司	请问您要什么时间去哪儿的?
	Qǐngwèn nín yào shénme shíjiān qù nǎr de?

房贵男	要两张四月十三号从首尔
	Yào liǎng zhāng sì yuè shísān hào cóng Shǒu'ěr
	到北京的机票。最好是上午的飞机。
	dào Běijīng de jīpiào. Zuìhǎo shì shàngwǔ de fēijī.

航空公司	请稍等一下。
	Qǐng shāo děng yíxià.
	四月十三号十点一刻的飞机，怎么样?
	Sì yuè shísān hào shí diǎn yī kè de fēijī, zěnmeyàng?

房贵男	好的。
	Hǎo de.

꼬마사전

- 国际 guójì
  - 명 형 국제, 국제의, 국제적인
- 航空公司 hángkōnggōngsī
  - 명 항공회사
- 订 dìng 동 예약하다
- 飞机票 fēijīpiào
  - 명 비행기 표
  - (= 机票 jīpiào)
- 从 cóng
  - 개 ~에서, ~부터
- 到 dào
  - 개 ~까지
- 最好 zuìhǎo
  - 부 가장 좋기는
- 上午 shàngwǔ
  - 명 오전
- 飞机 fēijī
  - 명 비행기
- 稍 shāo
  - 부 약간, 조금, 잠시

회화 ❷

航空公司　要经济舱吗?
　　　　　Yào jīngjìcāng ma?

房贵男　是的。
　　　　Shì de.

航空公司　您要单程票还是往返票?
　　　　　Nín yào dānchéngpiào háishi wǎngfǎnpiào?

房贵男　往返票。
　　　　Wǎngfǎnpiào.

航空公司　你们什么时候回来?
　　　　　Nǐmen shénme shíhou huílái?

房贵男　四月十六号。
　　　　Sì yuè shíliù hào.

航空公司　请告诉我两位的英文名字和
　　　　　Qǐng gàosu wǒ liǎng wèi de Yīngwén míngzi hé
　　　　　护照号码。
　　　　　hùzhào hàomǎ.

꼬마사전

- 经济舱 jīngjìcāng
  명 (비행기, 선박 등의) 일반석, 보통석
- 单程票 dānchéngpiào
  명 편도 티켓
- 还是 háishi
  접 또는, 아니면
- 往返票 wǎngfǎnpiào
  명 왕복 티켓
- 回来 huílái
  동 (되)돌아오다
- 告诉 gàosu
  동 말하다, 알리다
- 英文 Yīngwén
  명 영문
- 名字 míngzi
  명 이름
- 护照 hùzhào
  명 여권

제02과 我想订飞机票。

정리 노트

1. ## 从 A 到 B

   'A에서 B까지'라는 의미로 시간이나 장소의 범위를 설정.

   从(cóng)은 기점(~에서)을, 到(dào)는 종점(~까지)을 나타냄.

   - 从韩国到中国不远。 한국에서 중국까지 멀지 않습니다.
     Cóng Hánguó dào Zhōngguó bù yuǎn.

   - 从三点到四点开会。 3시부터 4시까지 회의입니다.
     Cóng sān diǎn dào sì diǎn kāihuì.

   - 从七月十五号到十八号休假。 7월 15일부터 18일까지 휴가입니다.
     Cóng qī yuè shíwǔ hào dào shíbā hào xiūjià.

   - 我们公司从12点到1点是午饭时间。 우리 회사는 12시부터 1시까지 점심 시간입니다.
     Wǒmen gōngsī cóng shí'èr diǎn dào yī diǎn shì wǔfàn shíjiān.

   ☐ 休假 xiū//jià 동 휴가를 보내다

2. ## 선택의문문

   A와 B 중에서 하나를 선택하여 답하기를 요구하는 의문문.

   ★ 어순: A 还是 B ? (A입니까 아니면 B입니까?)

   - 你想吃面包还是面条? 당신은 빵을 먹고 싶습니까 아니면 국수를 먹고 싶습니까?
     Nǐ xiǎng chī miànbāo háishi miàntiáo?

   - 你要这个还是那个? 당신은 이것을 원합니까 아니면 저것을 원합니까?
     Nǐ yào zhège háishi nàge?

   - 用现金还是刷卡? 현금을 사용하시겠습니까 아니면 카드 결제하시겠습니까?
     Yòng xiànjīn háishi shuākǎ?

   - 在这儿吃还是打包带走? 여기에서 드시겠습니까 아니면 포장해서 가져가시겠습니까?
     Zài zhèr chī háishi dǎbāo dàizǒu?

   ☐ 用 yòng 동 이용하다, 사용하다
   ☐ 现金 xiànjīn 명 현금
   ☐ 刷卡 shuā//kǎ 동 카드를 긁다, 카드 결제하다
   ☐ 打包 dǎ//bāo 동 포장하다
   ☐ 带走 dàizǒu 동 가져가다, 가지고 가다

3. **이중목적어를 갖는 동사**

일부 동사는 두 개의 목적어를 가질 수 있다. ☆ '~에게 ~을 ~하다'로 해석.

일반적으로 사람을 가리키는 간접목적어를 앞에 두고, 사물을 가리키는 직접목적어를 뒤에 위치시킨다.

참고⑤ 자주 쓰이는 이중목적어를 가질 수 있는 동사

教 jiāo	가르치다	找 zhǎo	거슬러주다
问 wèn	묻다	告诉 gàosu	말하다, 알리다
还 huán	돌려주다	送 sòng	보내다
给 gěi	주다	借 jiè	빌리다

★ 어순: 주어 + 동사 + 간접목적어(사람) + 직접목적어(사물)

他　　　告诉　　　我　　　　　名字。 그가 나에게 이름을 알려줍니다.
Tā　　　gàosu　　 wǒ　　　　　míngzi.

服务员　　找　　　他　　　　　十块。 종업원이 그에게 10위안을 거슬러줍니다.
Fúwùyuán zhǎo　　 tā　　　　　shí kuài.

郑老师　　教　　　我们　　　　汉语。 정 선생님께서 우리에게 중국어를 가르쳐 주십니다.
Zhèng lǎoshī jiāo　　wǒmen　　　 Hànyǔ.

我们　　　给　　　部长　　　　生日礼物。 우리는 부장님께 생신 선물을 드립니다.
Wǒmen　　gěi　　　bùzhǎng　　　shēngrì lǐwù.

她　　　送　　　我　　　　　一件毛衣。 그녀가 나에게 스웨터 한 벌을 보냅니다.
Tā　　　sòng　　 wǒ　　　　　yí jiàn máoyī.

□ 礼物 lǐwù 명 선물

 집어보기

1 最好是上午的飞机。

부사 '最好(zuìhǎo)'는 '~하는 게 가장 좋다'의 뜻이다.
어떤 일을 처리하는데 있어 가장 좋은 방법이나 바람을 제시하는 표현이다.

- 最好星期天去那儿。일요일에 거기에 가는 게 가장 좋습니다.
  Zuìhǎo xīngqītiān qù nàr.
- 我们最好买这个。 우리는 이것을 사는 게 가장 좋습니다.
  Wǒmen zuìhǎo mǎi zhège.
- 学汉语，最好多听多说多写。
  Xué Hànyǔ, zuìhǎo duō tīng duō shuō duō xiě.
  중국어를 공부하는데 많이 듣고, 많이 말하고, 많이 쓰는 게 가장 좋습니다.

☐ 听 tīng 동 듣다
☐ 写 xiě 동 쓰다

2 最好是上午的飞机。

上午(shàngwǔ): 오전

기타 시간사를 살펴 보자!

새벽	이른 아침	아침	오전	정오	오후	저녁
凌晨 língchén	清晨 qīngchén	早上 zǎoshang	上午 shàngwǔ	中午 zhōngwǔ	下午 xiàwǔ	晚上 wǎnshang

낮	저녁 무렵	밤	한밤중
白天 báitiān	傍晚 bàngwǎn	夜晚 yèwǎn	半夜 bànyè

 **말해보기**

※ 각 번호에 표시된 단어를 교체연습 단어로 바꿔 가며 연습해 보세요!

1 她家 tā jiā / 公司 gōngsī

- 从她家到公司 cóng tā jiā dào gōngsī
- 从她家到公司很远。 Cóng tā jiā dào gōngsī hěn yuǎn.
- 从她家到公司不远。 Cóng tā jiā dào gōngsī bù yuǎn.
- 从她家到公司远吗？ Cóng tā jiā dào gōngsī yuǎn ma?
- 从她家到公司远不远？ Cóng tā jiā dào gōngsī yuǎn bu yuǎn?

 교체연습

- 这儿 zhèr　　上海 Shànghǎi
- 那儿 nàr　　　西安 Xī'ān

2 一张 yì zhāng / 三月十五号 sānyuè shíwǔ hào / 北京 Běijīng

- 我买飞机票。 Wǒ mǎi fēijīpiào.
- 我想买飞机票。 Wǒ xiǎng mǎi fēijīpiào.
- 我想买到北京的飞机票。 Wǒ xiǎng mǎi dào Běijīng de fēijīpiào.
- 我想买一张三月十五号到北京的飞机票。
  Wǒ xiǎng mǎi yì zhāng sān yuè shíwǔ hào dào Běijīng de fēijīpiào.

교체연습

- 两张 liǎng zhāng　　四月二十三号 sì yuè èrshísān hào　　上海 Shànghǎi
- 三张 sān zhāng　　　七月十七号 qī yuè shíqī hào　　　　西安 Xī'ān

☐ 上海 Shànghǎi 고유 상하이(상해)
☐ 西安 Xī'ān 고유 시안(서안)

연습 문제

듣기

녹음을 잘 듣고 다음 [보기]에서 일치하는 단어를 고르시오. 🎧 17

| 보기 | 护照　刷卡　回来　还是　礼物 |

① _____　② _____　③ _____　④ _____　⑤ _____

말하기

회화 내용을 숙지한 후 다음 질문에 대답하시오.

1　房贵男要单程票还是往返票?

　　→ _____。

2　房贵男想订哪天的飞机?

　　→ _____。

3　房贵男他们什么时候回来?

　　→ _____。

읽기

한국어에 맞게 빈칸을 채워 읽어 보시오.

1 在这儿吃▢▢打包带走? 여기에서 드시겠습니까 아니면 포장해서 가져가시겠습니까?

2 郑老师▢我们汉语。 정 선생님께서 우리에게 중국어를 가르치십니다.

3 请▢等一下。 잠시만 기다리세요.

4 我▢订飞机票。 비행기 표를 예약하고 싶습니다.

쓰기

아래의 제시된 단어를 의미에 맞게 배열하시오.

1 远   从   韩国   中国   不   到

   → _____。

2 找   服务员   十   他   块

   → _____。

3 他们   回   什么时候   来

   → _____?

4 请   号码   告诉   护照   我   英文   两位   的   名字   和

   → _____。

TSC 도전하기

그림보고 대답하기 (준비 시간: 3초 / 대답 시간: 6초) 🎧 18

문제1.

(3초)   제시음_____(6초)_____끝。

그림보고 대답하기 (준비 시간: 3초 / 대답 시간: 6초) 🎧 19

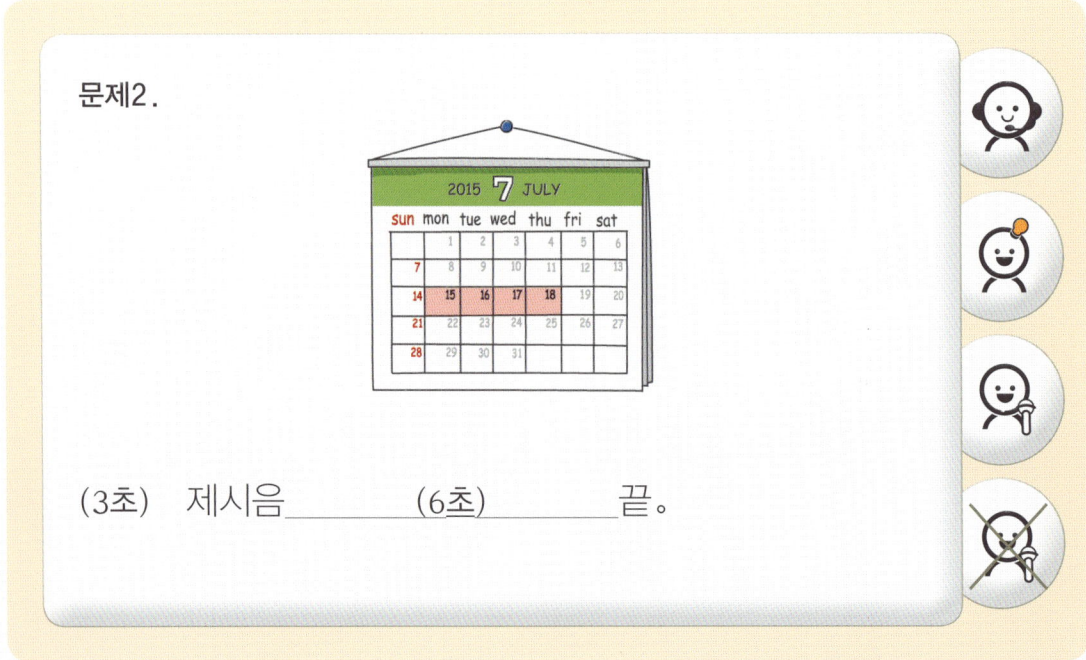

문제2.

(3초)   제시음_____(6초)_____끝。

신속하게 대답하기 (준비 시간: 2초 / 대답 시간 15초) 🎧 20

문제3.

(2초)   제시음_____(15초)_____끝。

* 참고 단어: 一般 yìbān 형 보통이다, 일반적이다

간단하게 대답하기 (준비 시간: 15초 / 대답 시간 25초) 🎧 21

문제4.

从你家到公司远不远?

(15초)   제시음_____(25초)_____끝。

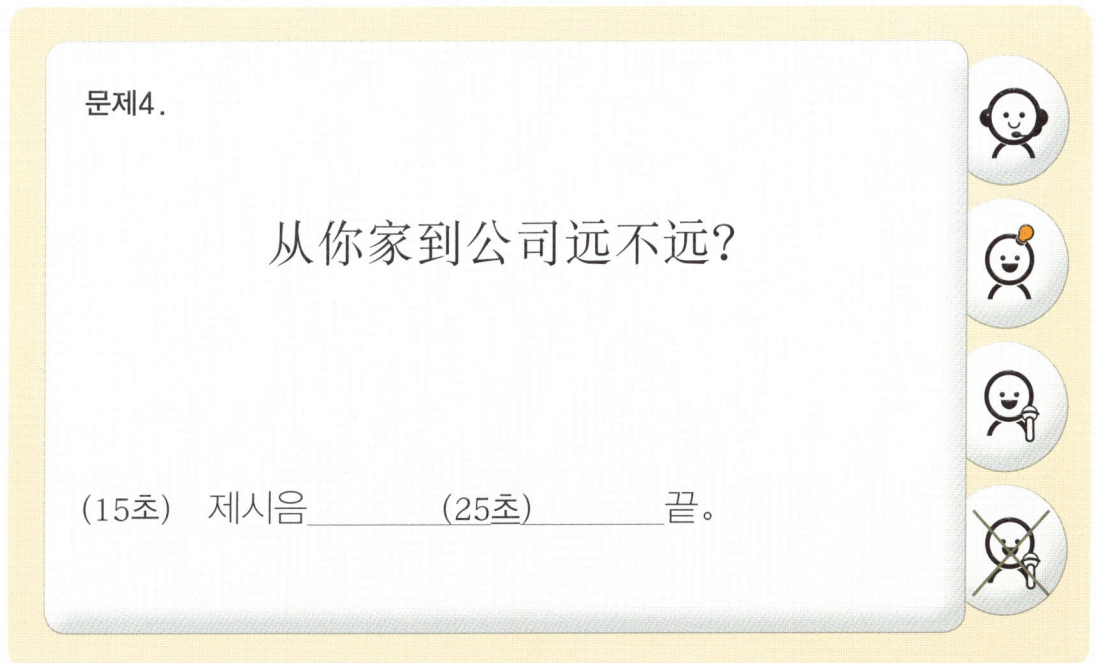

항공사 종류

우리나라에서 중국으로 가는 대표적인 항공편은 다음과 같다.

- 中国东方航空 Zhōngguó Dōngfāng Hángkōng 중국동방항공(MU)
- 中国国际航空 Zhōngguó Guójì Hángkōng 중국국제항공(CA)
- 南方航空 Nánfāng Hángkōng 남방항공(CZ)
- 大韩航空 Dàhán Hángkōng 대한항공(KE)
- 韩亚航空 Hányà Hángkōng 아시아나항공(OZ)

좌석 등급에 따른 표현

각 등급 명칭 뒤에 '선창 창'인 '舱(cāng)'을 쓰면 된다.

- 头等舱 tóuděngcāng 퍼스트 클래스, 일등석
- 公务舱 gōngwùcāng 비즈니스 클래스 (= 商务舱 shāngwùcāng)
- 经济舱 jīngjìcāng 이코노미 클래스, 일반석

좌석 위치에 따른 표현

- 靠窗位 kàochuāngwèi 창가 좌석
- 走道位 zǒudàowèi 복도 좌석
- 中间位 zhōngjiānwèi 중간 좌석

제03과

听说下星期你们来北京。
Tīngshuō xià xīngqī nǐmen lái Běijīng.

> **주요 학습 내용**
> 조동사 / 이메일 주소 말하는 방법

드디어 다음 주!
출장이 코앞으로 다가왔구나.
출장 준비는 완벽하게 했고,
이제 베이징 지사에 다음 주에 간다고
연락만 하면 되겠다.
후~ 힘들다~ 힘들어ㅠㅠ

핵심문장 다시보기 🎧 23

1. 请稍等一下。Qǐng shāo děng yíxià.

2. 最好是上午的飞机。Zuìhǎo shì shàngwǔ de fēijī.

3. 在这儿吃还是打包带走?
   Zài zhèr chī háishi dǎbāo dàizǒu?

4. 从三点到四点开会。Cóng sān diǎn dào sì diǎn kāihuì.

5. 请告诉我两位的英文名字和护照号码。
   Qǐng gàosu wǒ liǎng wèi de Yīngwén míngzi hé hùzhào hàomǎ.

핵심단어 미리보기 🎧24

① 打扰 dǎrǎo 동 방해하다, 지장을 주다
② 能 néng 조동 ~할 수 있다, ~해도 된다
③ 可以 kěyǐ 조동 ~할 수 있다, 가능하다, ~해도 된다
④ 电子邮件 명 diànzǐ yóujiàn 이메일(= 伊妹儿 yīmèir)
⑤ 接 jiē 동 마중하다

발음 UP 🎧25

〈3음절 단어 발음 연습〉

照相机 zhàoxiàngjī 카메라
洗衣机 xǐyījī 세탁기
因特网 yīntèwǎng 인터넷
拿手菜 náshǒucài 제일 자신 있는(잘하는) 요리
拿手歌 náshǒugē 제일 자신 있는(잘하는) 노래
健身房 jiànshēnfáng 헬스장
聊天室 liáotiānshì 채팅방
谈恋爱 tán liàn'ài 연애하다

제03과 听说下星期你们来北京。

회화 ❶

房贵男　　高科长，打扰一下。
　　　　　Gāo kēzhǎng, dǎrǎo yíxià.

　　　　　能告诉我北京分公司的电话号码吗？
　　　　　Néng gàosu wǒ Běijīng fēngōngsī de diànhuà hàomǎ ma?

高大路　　当然可以，零幺零六三零三八七八九。
　　　　　Dāngrán kěyǐ, líng yāo líng liù sān líng sān bā qī bā jiǔ.
　　　　　(01063038789)

▶ Tip
'010'은 베이징 지역 번호이며, 중국 국가 번호는 '86'이다. 지역 번호를 제외한 나머지 부분은 네 자리씩 띄어 읽는다.

房贵男　　还有个问题。
　　　　　Hái yǒu ge wèntí.

　　　　　你知道北京分公司崔次长的电子邮件
　　　　　Nǐ zhīdao Běijīng fēngōngsī Cuī cìzhǎng de diànzǐ yóujiàn

　　　　　地址吗？
　　　　　dìzhǐ ma?

▶ Tip
'还'가 부사일 경우는 'hái'로 읽음에 주의하자.

高大路　　请稍等。beijingcui@hotmail.com。
　　　　　Qǐng shāo děng. beijingcui@hotmail.com.

房贵男　　谢谢。
　　　　　Xièxie.

高大路　　谢什么。
　　　　　Xiè shénme.

▶ Tip
같은 표현으로는
"不用谢(búyòngxiè)"
"不用客气(búyòng kèqi)"
"不客气(bú kèqi)"가 있다.

꼬마사전

☐ 打扰 dǎrǎo
　동 방해하다, 지장을 주다

☐ 能 néng
　조동 ~할 수 있다, ~해도 된다

☐ 当然 dāngrán
　부 형 당연히, 물론, 당연하다, 물론이다

☐ 可以 kěyǐ
　조동 ~할 수 있다, 가능하다, ~해도 된다

☐ 还 hái
　부 또, 더, 게다가

☐ 问题 wèntí
　명 문제, 질문

☐ 知道 zhīdao
　동 알다

☐ 电子邮件
　diànzǐ yóujiàn
　명 이메일
　(= 伊妹儿 yīmèir)

☐ 地址 dìzhǐ
　명 주소

房贵男 喂，你好，我找崔次长。
Wéi, nǐ hǎo, wǒ zhǎo Cuī cìzhǎng.

崔大韩 我就是，您是哪位？
Wǒ jiùshì, nín shì nǎ wèi?

房贵男 我是总公司海外营业部新来的
Wǒ shì zǒnggōngsī hǎiwàiyíngyèbù xīn lái de
房贵男。
Fáng Guìnán.

崔大韩 啊，您好！听说下星期你们来北京。
Ā, nín hǎo! Tīngshuō xià xīngqī nǐmen lái Běijīng.

房贵男 对啊！
Duì a!
四月十三号，上午十点一刻的飞机。
Sì yuè shísān hào, shàngwǔ shí diǎn yī kè de fēijī.

崔大韩 那十三号去机场接你们。
Nà shísān hào qù jīchǎng jiē nǐmen.
到时候见吧。
Dào shíhou jiàn ba.

房贵男 谢谢您。
Xièxie nín.

꼬마사전
- 总公司 zǒnggōngsī
  명 본사
- 机场 jīchǎng
  명 공항
- 接 jiē
  동 마중하다
- 到时候 dào shíhou
  그때

1. 조동사

조동사(능원동사)는 동사 앞에 쓰여 희망, 능력, 가능, 추측 등의 의미로 사용된다.

조동사의 종류

조동사	용법/의미	긍정형	부정형
要 (yào)	~하려고 하다 ~해야 한다 [의지, 당위성]	我要买汉语书。 Wǒ yào mǎi Hànyǔ shū. 나는 중국어 책을 사려고 합니다.	我不想买汉语书。 Wǒ bù xiǎng mǎi Hànyǔ shū. 나는 중국어 책을 사려고 하지 않습니다.
想 (xiǎng)	~하고 싶다 [소망, 바람]	我想上大学。 Wǒ xiǎng shàng dàxué. 나는 대학교에 다니고 싶습니다.	我不想上大学。 Wǒ bù xiǎng shàng dàxué. 나는 대학교에 다니고 싶지 않습니다.
能 (néng)	~할 수 있다 ~해도 된다 [능력, 허락]	我能参加。 Wǒ néng cānjiā. 나는 참가할 수 있습니다.	我不能参加。 Wǒ bù néng cānjiā. 나는 참가할 수 없습니다.
可以 (kěyǐ)	~할 수 있다 ~해도 좋다 [가능, 허락]	这儿可以抽烟。 Zhèr kěyǐ chōuyān. 여기서 담배를 피워도 됩니다.	这儿不可以抽烟。 Zhèr bù kěyǐ chōuyān. 여기서 담배를 피우면 안 됩니다.
会 (huì)	~할 수 있다 ~할 줄 알다 (학습을 통한 기술 습득) [가능, 능력]	我会说汉语。 Wǒ huì shuō Hànyǔ. 나는 중국어를 할 줄 압니다.	我不会说汉语。 Wǒ bú huì shuō Hànyǔ. 나는 중국어를 할 줄 모릅니다.
应该 (yīnggāi)	(마땅히) ~해야 한다 [도리의 당위성]	你应该去那儿。 Nǐ yīnggāi qù nàr. 당신은 (마땅히) 거기에 가야 합니다.	你不应该去那儿。 Nǐ bù yīnggāi qù nàr. 당신은 (마땅히) 거기에 가면 안 됩니다.
得 (děi)	~해야 한다 [주관적인 필요에 의한 당위]	你得去那儿。 Nǐ děi qù nàr. 당신은 거기에 가야 합니다.	你不用去那儿。 Nǐ bú yòng qù nàr. 당신은 거기에 갈 필요 없습니다.

주의! ① '要'의 부정형은 '不要'가 아닌 '不想'이나 '不用'을 사용한다.
② '得(děi)'의 부정형은 '不得'가 아닌 '不用'을 사용한다.

☐ 上 shàng 동 진학하다, 다니다
☐ 大学 dàxué 명 대학교
☐ 参加 cānjiā 동 참가하다, 참여하다

조동사의 특징

특징	예문
1 조동사는 서술어 앞에 위치한다.	我想去中国。 Wǒ xiǎng qù Zhōngguó. 나는 중국에 가고 싶습니다.
2 부정형은 조동사를 부정한다.	我不会开车。 Wǒ bú huì kāichē. 나는 운전을 할 줄 모릅니다.
3 정반의문문을 만들 때 조동사를 사용한다.	你想不想去中国? Nǐ xiǎng bu xiǎng qù Zhōngguó? 당신은 중국에 가고 싶습니까 가고 싶지 않습니까?
4 조동사는 중첩할 수 없다.	我会会开车。 (X) Wǒ huìhui kāichē.
5 대답 시 조동사의 단독 사용이 가능하다.	A: 你会开车吗? Nǐ huì kāichē ma? 당신은 운전을 할 줄 압니까? B: 会。 Huì. / 不会。 Bú huì. 할 줄 압니다. / 할 줄 모릅니다.

☐ 开车 kāi//chē 동 운전하다

♣ 이메일 주소 말하는 방법

beijingcui@hotmail.com : beijingcui 圈 A hotmail 点 com

주의! @: 圈 (quān) A ← 최근 많이 사용하는 표현

'취앤에이' 또는 '앳'이라고도 하며, 작은 쥐가 웅크리고 있는 모양과 비슷하다고 하여
'小老鼠(xiǎo lǎoshǔ)'라고도 한다.

. : 点(diǎn)

핵심 표현 짚어보기

1 还有个问题。

'还(hái)'는 여러 가지 뜻을 가지고 있는 다음자(多音字 duōyīnzì)이다.
(1) 동사: huán 돌려주다
(2) 부사: hái 또, 더 / 아직

* 이번 과에서는 부사 '또, 더'라는 의미로 연습해 보자.

- 你还要别的吗? 당신은 다른 것이 더 필요하십니까?
  Nǐ hái yào biéde ma?
- 我还要吃一个面包。 나는 빵 한 개를 더 먹으려고 합니다.
  Wǒ hái yào chī yí ge miànbāo.
- 你们还有问题吗? 당신들은 또 질문이 있습니까?
  Nǐmen hái yǒu wèntí ma?
- 他们还有什么要求? 그들은 또 어떤 요구 사항이 있습니까?
  Tāmen hái yǒu shénme yāoqiú?

☐ 别的 biéde 명 다른 것
☐ 要求 yāoqiú 명 동 요구, 요구하다

2 你知道北京分公司崔次长的电子邮件地址吗?

'知道~吗?'는 상대가 알고 있는지의 여부를 묻는 표현이다.
보통은 의문대사와 어기조사 '吗'는 함께 쓰지 않지만 이런 경우에는 함께 쓰일 수 있다.

- 你知道韩国大使馆的电话号码吗? 당신은 한국대사관 전화번호를 아십니까?
  Nǐ zhīdao Hánguó dàshǐguǎn de diànhuà hàomǎ ma?
- 您知道他去哪儿吗? 당신은 그가 어디에 가는지 아십니까?
  Nín zhīdao tā qù nǎr ma?
- 你知道他什么时候回来吗? 당신은 그가 언제 돌아오는지 아십니까?
  Nǐ zhīdao tā shénme shíhou huílái ma?
- 你知道她是谁吗? 당신은 그녀가 누구인지 아십니까?
  Nǐ zhīdao tā shì shéi ma?

☐ 大使馆 dàshǐguǎn 명 대사관

 말해보기

※ 각 번호에 표시된 단어를 교체연습 단어로 바꿔 가며 연습해 보세요!

1 用 yòng / 你的手机 nǐ de shǒujī

- 用你的手机。 Yòng nǐ de shǒujī.
- 可以用你的手机吗? Kěyǐ yòng nǐ de shǒujī ma?
- 我可以用你的手机吗? Wǒ kěyǐ yòng nǐ de shǒujī ma?
- 我可(以)不可以用你的手机? Wǒ kě(yǐ) bu kěyǐ yòng nǐ de shǒujī?

 교체연습

- 参加 cānjiā   会议 huìyì
- 参加 cānjiā   今天的晚会 jīntiān de wǎnhuì

2 去 qù / 中国 Zhōngguó

- 我去中国。 Wǒ qù Zhōngguó.
- 我想去中国。 Wǒ xiǎng qù Zhōngguó.
- 我很想去中国。 Wǒ hěn xiǎng qù Zhōngguó.
- 我不想去中国。 Wǒ bù xiǎng qù Zhōngguó.
- 你想去中国吗? Nǐ xiǎng qù Zhōngguó ma?
- 你想不想去中国? Nǐ xiǎng bu xiǎng qù Zhōngguó?

 교체연습

- 看 kàn   中国电影 Zhōngguó diànyǐng
- 见 jiàn   成龙 Chénglóng

☐ 会议 huìyì 명 회의
☐ 晚会 wǎnhuì 명 저녁 모임
☐ 成龙 Chénglóng 고유 성룡(중국 배우)

제03과 听说下星期你们来北京。

연습 문제

녹음을 잘 듣고 다음 [보기]에서 일치하는 단어를 고르시오.

| 보기 | 得　会　接　能　想 |

① _____　② _____　③ _____　④ _____　⑤ _____

회화 내용을 숙지한 후 다음 질문에 대답하시오.

1　高科长知道北京分公司的电话号码吗?

　　→ _____。

2　北京分公司的电话号码是多少?

　　→ _____。

3　北京分公司崔次长的电子邮件地址是什么?

　　→ _____。

읽기

한국어에 맞게 빈칸을 채워 읽어 보시오.

1 我就是，您是哪☐? 바로 접니다만, 누구십니까?

2 你☐要别的吗? 더 필요한 것이 있으십니까?

3 那十三号去机场☐你们。그럼 13일에 공항으로 마중 가겠습니다.

4 这儿不☐☐抽烟。여기서 담배 피우시면 안 됩니다.

쓰기

아래의 제시된 단어를 의미에 맞게 배열하시오.

1 你们 吗 还 问题 有

   → _____?

2 能 吗 告诉 电话 我 北京 号码 分公司 的

   → _____?

3 你 会 汉语 说 不会

   → _____?

4 这儿 不 对不起 抽烟 能

   → _____。

TSC 도전하기

그림보고 대답하기 (준비 시간: 3초 / 대답 시간: 6초) 🎧 29

문제1.

(3초) 제시음_____(6초)_____끝.

그림보고 대답하기 (준비 시간: 3초 / 대답 시간: 6초) 🎧 30

문제2.

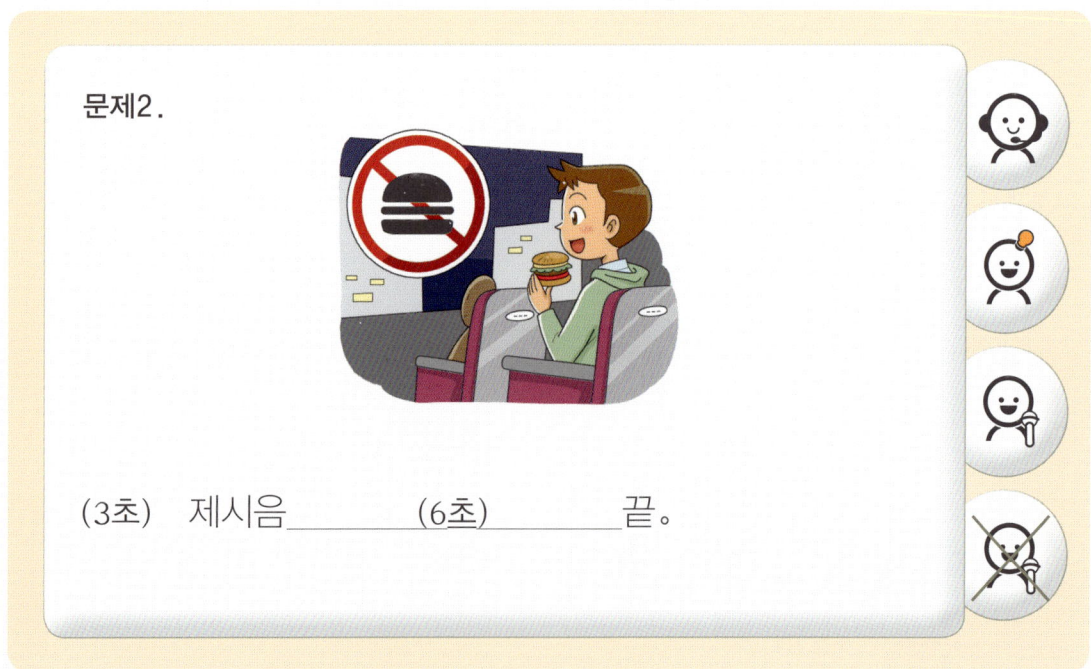

(3초) 제시음_____(6초)_____끝.

신속하게 대답하기 (준비 시간: 2초 / 대답 시간 15초) 🎧 31

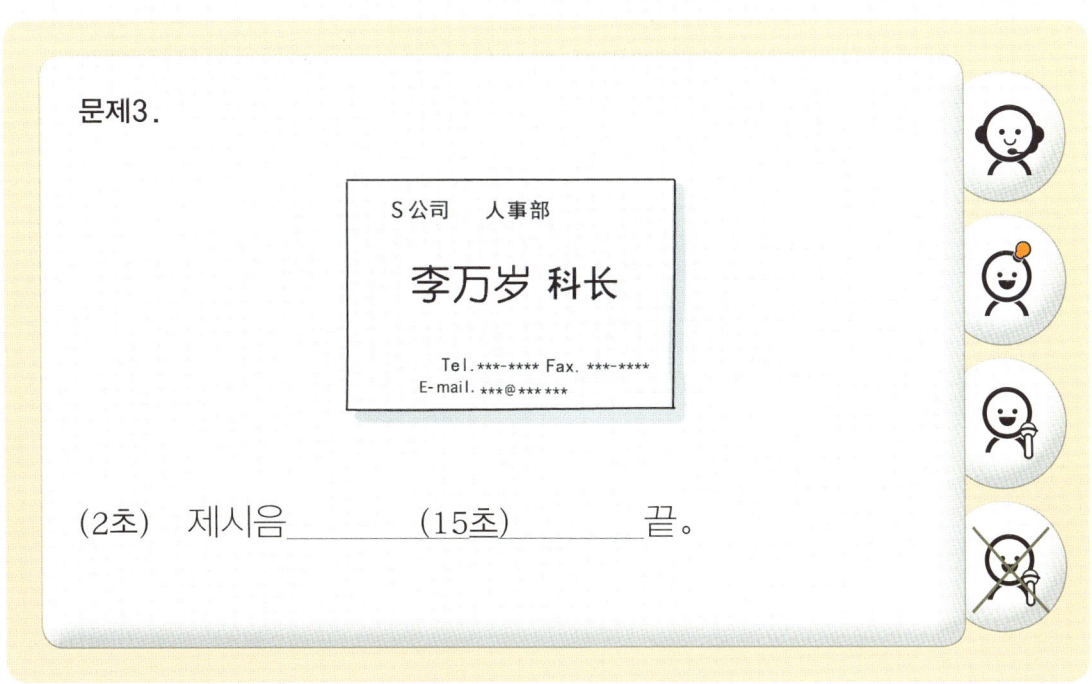

간단하게 대답하기 (준비 시간: 15초 / 대답 시간: 25초) 🎧 32

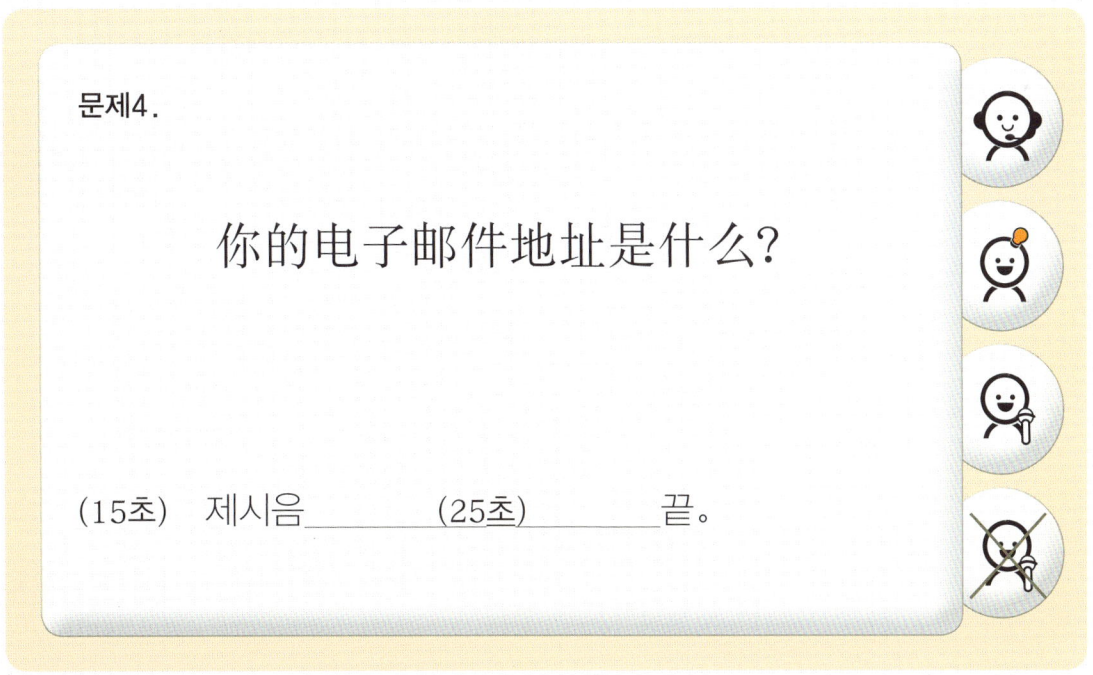

한국 기업 중국 진출 성공 사례① – 오리온 초코파이

중국에 진출한 해외 글로벌 기업 중 가장 성공한 사례로 꼽히고 있는 오리온 제품 현지화를 위한 노력을 살펴 보면 다음과 같다.

▶ 중국인 정서에 맞는 네이밍

오리온의 전신인 동양제과는 과거 일제 강점기 일본인들의 동양척식 주식회사가 떠오른다 하여 반일감정이 강한 중국인들에게 좋지 않은 인상을 남길 우려가 크다고 판단, 중국 진출을 계기로 초코파이의 이름을 새로 짓기로 했다. 오리온의 새로운 이름은 바로 좋은 친구 '好丽友(hǎo lì yǒu)'이다. '좋은 친구, 초코파이와의 아름다운 우정을 나눈다'는 뜻의 브랜드 이름을 창조해냈다.

▶ 쓰레기 마케팅

베이징 천안문(톈안먼)광장에서 입간판을 세운 뒤 사람의 이목을 끄는데 성공한 초코파이는 같은 장소에서 사상 최대의 무료 시식회를 준비했다. 행사 전 오리온측은 광장의 모든 쓰레기통을 감추는 '트래쉬 마케팅(trash marketing)'을 시도하여 행사 당일 수많은 인파가 초코파이를 먹고 남은 포장지를 바닥에 버리는 현상이 발생했다. 그러나, 이 날 버려진 초코파이의 포장지는 단순한 쓰레기가 아니었다. 천안문광장을 붉은색으로 도배하다시피한 장관을 연출하였다.

▶ 사내복지 및 메세나 활동

오리온은 중국 해외 진출 기업 중 직원 급여는 중위권이나, 다양한 사내복지 프로그램을 운영하고 있다. 전 직원 4대보험 가입, 명절 보너스와 선물을 주며, 1년에 한번씩 한국 공장 연수를 보내 주는 등 직원들의 동기 부여를 계속하고 있다. 또 대외적인 메세나 활동으로는 '오리온 희망소학교'를 설립하여 희망공정에 25만 위안을 기증한 사례도 있다.

* 희망공정(希望工程 Xīwàng Gōngchéng): 중국청소년발전기금회가 교육 환경이 낙후한 지역의 어린이들에게 초등교육의 기회를 제공하기 위해 건립, 경제적으로 빈곤한 학생들에게 학비를 지원하고 있다.

** 초코파이는 중국에서는 남녀간의 애정을 나타내는 '情' 대신 '仁'을 사용하고 있다.

중국 입국 신고서

外国人入境卡 wàiguórén rùjìngkǎ : 외국인 입국 카드

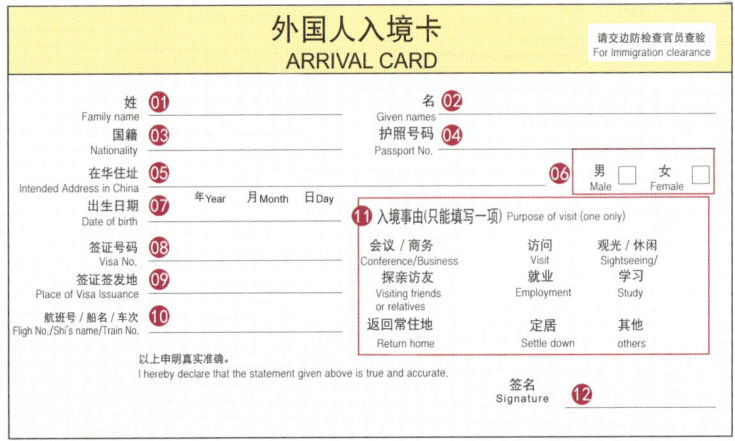

1. 姓 xìng 성
2. 名 míng 이름
3. 国籍 guójí 국적
4. 护照号码 hùzhào hàomǎ 여권번호
5. 在华住址 zàihuá zhùzhǐ 중국에 체류하는 동안 머물 주소지
6. 男 nán 남 女 nǚ 여
7. 出生日期 chūshēngrìqī 생년월일
8. 签证号码 qiānzhènghàomǎ 비자 번호
9. 签证签发地 qiānzhèng qiānfādì 비자 발급지
10. 航班号 hángbānhào / 船名 chuánmíng / 车次 chēcì 항공편
11. 入境事由 rùjìng shìyóu 입국 사유
    (只能填写一项 zhǐ néng tián xiě yí xiàng 한 항목만 기입 가능)
    会议 huìyì 회의 / 商务 shāngwù 비즈니스
    访问 fǎngwèn 방문
    观光 guānguāng 관광 / 休闲 xiūxián 휴식
    探亲访友 tàn qīn fǎng yǒu 친척, 친구 방문
    就业 jiùyè 취직, 취업   学习 xuéxí 공부
    返回常住地 fǎnhuí chángzhùdì 거주지로 돌아오다
    定居 dìngjū 정착   其他 qítā 기타
12. 签名 qiānmíng 서명

제04과

你家有几口人?
Nǐ jiā yǒu jǐ kǒu rén?

주요 학습 내용
가족 수 묻고 답하는 표현 / 나이 묻는 표현 / 多를 이용한 의문문

> 출장 가는 날.
> 입사 후 처음 출장인 만큼 긴장이 되지만
> '모든 열심히 보고 배우고 오리라!' 다짐하고
> 공항으로 향하는 방귀남. 파이팅!
> 예상은 했지만 사사건건 잔소리인 오 대리님과의 출장.
> 비행기 안에서 잠깐 졸아볼까 했더니 질문이 넘쳐난다.
> 그래! 피할 수 없으면 즐기자!

핵심문장 다시보기 🎧 34

1 打扰一下。Dǎrǎo yíxià.

2 那十三号去机场接你们。
Nà shísān hào qù jīchǎng jiē nǐmen.

3 我就是，您是哪位？Wǒ jiùshì, nín shì nǎ wèi?

4 你知道北京分公司崔次长的电子邮件地址吗？
Nǐ zhīdao Běijīng fēngōngsī Cuī cìzhǎng de diànzǐ yóujiàn dìzhǐ ma?

5 到时候见吧。Dào shíhou jiàn ba.

① 咱们 zánmen [대] 우리(들)

② 先 A 然后 B xiān A ránhòu B 먼저 A를 하고 나서 B한다

③ 各 gè [대] 각, 여러(일정 범위 내의 모든 개체를 가리킴)

④ 好主意 hǎo zhǔyi 좋은 생각이다(good idea)

⑤ 岁 suì [양] 살, 세(연령을 세는 단위)

〈4음절 단어 발음 연습〉

gāosùgōnglù	高速公路	고속도로
tǎojià huánjià	讨价还价	값을 흥정하다
lǚxíng zhīpiào	旅行支票	여행자수표
rénxínghéngdào	人行横道	횡단보도
gōnggòngqìchē	公共汽车	버스
guójì diànhuà	国际电话	국제전화

회화 ❶

(발권 데스크에서)

职员　请出示你们的机票和护照。
　　　Qǐng chūshì nǐmen de jīpiào hé hùzhào.

　　　你们有行李要托运吗?
　　　Nǐmen yǒu xíngli yào tuōyùn ma?

吴公主　就这一件。
　　　Jiù zhè yí jiàn.

职员　这是你们的登机牌。祝你们旅途愉快!
　　　Zhè shì nǐmen de dēngjīpái.　Zhù nǐmen lǚtú yúkuài!

(면세점 앞에서)

吴公主　咱们先各逛各的,
　　　Zánmen xiān gè guàng gè de,

　　　然后九点半在登机口见,好不好?
　　　ránhòu jiǔ diǎn bàn zài dēngjīkǒu jiàn, hǎo bu hǎo?

房贵男　好主意。一会儿见!
　　　Hǎo zhǔyi.　Yíhuìr jiàn!

Tip
"先A然后B"
(먼저 A를 하고 나서 그리고 B한다)
두 가지 이상의 동작이 선후관계로 발생할 경우 구문으로 종종 사용한다.
'先'과 '然后'는 따로도 사용이 가능하고, 구문으로도 사용이 가능하다.

Tip
"各+동사+各的" 형식으로 "각자 ~하다"의 의미이다.
예) 各付各的 gè fù gè de 각자 계산하다

꼬마사전

☐ 出示 chūshì
　동 내보이다, 제시하다

☐ 行李 xíngli
　명 짐, 여행짐, 수화물

☐ 托运 tuōyùn
　동 (짐, 화물을) 탁송하다, 운송을 위탁하다

☐ 登机牌 dēngjīpái
　명 탑승권

☐ 祝 zhù
　동 기원하다, 축복하다, 축하하다

☐ 旅途愉快 lǚtú yúkuài
　즐거운 여행 되세요
　[여행자 또는 먼 길을 떠나는 사람에게 사용]

☐ 咱们 zánmen
　대 우리(들)

☐ 先 xiān
　부 먼저, 처음

☐ 各 gè
　대 각, 여러

☐ 逛 guàng
　동 거닐다, 구경하다

☐ 然后 ránhòu
　접 그런 후에, 그 다음에

☐ 登机口 dēngjīkǒu
　명 탑승구, 탑승게이트

☐ 好主意 hǎo zhǔyi
　좋은 생각이다(good idea)

회화 ❷

(비행기 안에서)

吴公主　你家有几口人?
　　　　Nǐ jiā yǒu jǐ kǒu rén?

房贵男　五口人。爸爸、妈妈、两个姐姐和我。我是老幺。你呢?
　　　　Wǔ kǒu rén. Bàba, māma, liǎng ge jiějie hé wǒ. Wǒ shì lǎoyāo. Nǐ ne?

吴公主　我是老大。下面有个弟弟。
　　　　Wǒ shì lǎodà. Xiàmian yǒu ge dìdi.

房贵男　是吗?你弟弟今年多大?
　　　　Shì ma? Nǐ dìdi jīnnián duō dà?

吴公主　24岁，属马。
　　　　Èrshísì suì, shǔ mǎ.

房贵男　他做什么工作?
　　　　Tā zuò shénme gōngzuò?

吴公主　他也是公司职员。
　　　　Tā yě shì gōngsī zhíyuán.

Tip
직업을 묻는 표현이다.

Tip
중국에서도 12가지 동물 띠로 태어난 해를 표현한다.
A: 주어 + 属什么(shǔ shénme)?
B: 주어 + 属(shǔ) + 띠.

〈참고: 12지〉
鼠 shǔ 쥐, 牛 niú 소, 虎 hǔ 호랑이, 兔 tù 토끼, 龙 lóng 용, 蛇 shé 뱀, 马 mǎ 말, 羊 yáng 양, 猴 hóu 원숭이, 鸡 jī 닭, 狗 gǒu 개, 猪 zhū 돼지

꼬마사전
- 爸爸 bàba
  명 아빠
- 姐姐 jiějie
  명 누나, 언니
- 老幺 lǎoyāo
  명 (형제자매 중) 막내
- 老大 lǎodà
  명 (형제자매 중) 첫째
- 下面 xiàmian
  명 밑, 아래
  (↔ 上面 shàngmian 위)
- 弟弟 dìdi
  명 남동생
- 多 duō
  부 얼마나
- 大 dà
  형 크다
  (↔ 小 xiǎo 작다)
- 岁 suì
  양 살, 세[연령을 세는 단위]
- 属 shǔ
  동 띠가 ~이다
- 马 mǎ
  명 말

제04과 你家有几口人?

정리 노트

1. **多를 이용한 의문문**

   여기서 '多(duō)'는 형용사가 아닌 부사.

   주로 1음절 형용사와 결합하여 나이, 키, 몸무게, 거리 등을 묻는 표현으로 사용.

   이때 '有(추측의 의미)'가 같이 쓰이기도 한다.

   (주의점) 이때 큰 의미의 형용사만을 사용한다. (크다, 멀다, 높다 등)

多를 이용한 의문사	쓰이는 범위	예문
多高 (duō gāo)	높이, 키	你有多高? Nǐ yǒu duō gāo? 당신은 키가 얼마입니까?
多重 (duō zhòng)	무게, 몸무게	你有多重? Nǐ yǒu duō zhòng? 당신은 몸무게가 얼마입니까?
多大 (duō dà)	크기, 나이	你多大? Nǐ duō dà? 당신은 몇 살입니까?
多远 (duō yuǎn)	거리	离这儿多远? Lí zhèr duō yuǎn? 여기서 얼마나 멉니까?
多深 (duō shēn)	깊이	你爱我有多深? Nǐ ài wǒ yǒu duō shēn? 당신은 나를 얼마나 사랑합니까?
多长 (duō cháng)	길이, 시간	这条河多长? Zhè tiáo hé duō cháng? 이 강의 길이는 얼마입니까?

- A: 你有多高? Nǐ yǒu duō gāo? 당신은 키가 얼마입니까?

  B: 一米八四。 Yī mǐ bā sì. 1m 84(cm)입니다.

- A: 你有多重? Nǐ yǒu duō zhòng? 당신은 몸무게가 얼마입니까?

  B: 七十五公斤。 Qīshíwǔ gōngjīn. 75kg입니다.

- A: 离这儿多远? Lí zhèr duō yuǎn? 여기서 얼마나 멉니까?

  B: 五百米。 Wǔ bǎi mǐ. 500m입니다.

☐ 河 hé 명 강, 하천
☐ 米 mǐ 양 미터(m)
☐ 公斤 gōngjīn 양 킬로그램(kg)

2. 咱们 (zánmen)

'咱们': ☆ '우리'라는 뜻을 가진 대명사.

'咱们'은 반드시 말하는 사람(화자)과 듣는 사람(청자)을 포함하여 가리키지만,

'我们'은 화자와 청자 모두를 가리킬 수도 있고, 화자만을 가리킬 수도 있다.

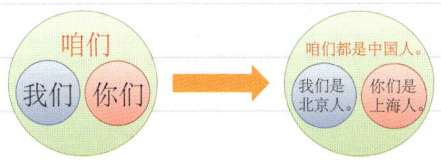

- 我们要喝咖啡，你喝什么? 우리는 커피 마시려고 합니다. 당신은 무엇을 마시겠습니까?
  Wǒmen yào hē kāfēi, nǐ hē shénme?

 이때 '우리'는 듣는 사람(청자)을 포함하지 않으므로 '我们'만 가능

- 咱们喝咖啡吧。 우리 커피 마셔요.
  Zánmen hē kāfēi ba.(= 我们喝咖啡吧。 Wǒmen hē kāfēi ba.)

 이때 '우리'는 듣는 사람(청자)과 말하는 사람(화자)을 모두 포함하기 때문에

   '我们, 咱们' 둘 다 가능.

3. 형제간의 서열을 나타내는 방법

老(lǎo) + 大(dà) / 二(èr) / 三(sān) / 小(xiǎo) 또는 幺(yāo)

- 첫째, 둘째, 셋째, 막내의 순서대로 표현하면 된다.

- A: 你是老几? Nǐ shì lǎo jǐ? 당신은 (형제자매 중) 몇 째입니까?

  B: 我是老二。 Wǒ shì lǎo'èr. 저는 둘째입니다.

또한 같은 형제 입장에서 여러 명일 때는 다음과 같이 표현한다.

큰 형(오빠), 큰 누나(언니)라고 할 때는 大哥(dàgē), 大姐(dàjiě)라 말하며,

둘째, 셋째는 '二(èr), 三(sān)'을 붙여 주면 된다.

- 大哥 dàgē 큰 형(오빠), 大姐 dàjiě 큰 누나(언니)

  二哥 èrgē 둘째 형(오빠), 二姐 èjiě 둘째 누나(언니)

  三哥 sāngē 셋째 형(오빠), 三姐 sānjiě 셋째 누나(언니)

  ⋮

핵심 표현 짚어보기

1 你家有几口人?

가족의 수를 물을 때는 의문사 '几(jǐ)'를 사용하며, 이때 양사는 '口(kǒu)'를 사용한다.
대답은 '수사 + 양사 + 명사'의 순으로 한다.

- A: 你家有几口人? Nǐ jiā yǒu jǐ kǒu rén? 당신의 가족은 몇 식구입니까?
  B: 我家有五口人。Wǒ jiā yǒu wǔ kǒu rén. 우리 가족은 다섯 식구입니다.
- A: 金总家有几口人? Jīn zǒng jiā yǒu jǐ kǒu rén? 김 사장님 가족은 몇 식구입니까?
  B: 金总家有两口人。Jīn zǒng jiā yǒu liǎng kǒu rén. 김 사장님 가족은 두 식구입니다.

▶ 가족의 구성원을 묻고 싶다면, "你家(都)有什么人? (Nǐ jiā (dōu) yǒu shénme rén?)"으로 표현한다.

- A: 你家（都）有什么人? Nǐ jiā (dōu) yǒu shénme rén? 당신 가족은 누가 있습니까?
  B: 爸爸、妈妈、弟弟和我。아빠, 엄마, 남동생 그리고 저입니다.
     Bàba, māma, dìdi hé wǒ.

2 你弟弟今年多大?

중국어에서 나이를 묻는 방법에는 연령대에 따라 3가지로 표현할 수 있다.

① 나이가 어린 사람(10살 미만)에게 묻는 표현 : (今年)你几岁(了)? (Jīnnián) nǐ jǐ suì (le)?
② 동년배에게 묻는 표현 : (今年)你多大(了)? (Jīnnián) nǐ duō dà (le)?
③ 어른에게 묻는 표현 : (今年)您多大年纪(了)? (Jīnnián) nín duō dà niánjì (le)?

* 대답은 "나이 + 岁(suì)" 형태로 표현한다.

- 我儿子今年八岁。Wǒ érzi jīnnián bā suì.
  내 아들은 올해 8살입니다.
- 今年我姐姐三十四岁了。Jīnnián wǒ jiějie sānshísì suì le.
  올해 우리 언니는 34살 됐습니다.
- 金总五十七岁。Jīn zǒng wǔshíqī suì.
  김 사장님은 57살입니다.

▶ 나이를 묻고 답할 때 어기조사 '了(le)'를 사용하여 상황의 변화를 나타낼 수 있다.

□ 年纪 niánjì 명 나이, 연령

 말해보기

※ 각 번호에 표시된 단어를 교체연습 단어로 바꿔 가며 연습해 보세요!

1 去中国 qù Zhōngguó / 到意大利 dào Yìdàlì

- 去中国。 Qù Zhōngguó.
- 我们先去中国。 Wǒmen xiān qù Zhōngguó.
- 我们先去中国，然后到意大利。 Wǒmen xiān qù Zhōngguó, ránhòu dào Yìdàlì.
- 我们先去中国，然后到意大利吧。
  Wǒmen xiān qù Zhōngguó, ránhòu dào Yìdàlì ba.
- 我们先去中国，然后到意大利，好不好？
  Wǒmen xiān qù Zhōngguó, ránhòu dào Yìdàlì, hǎo bu hǎo?

- 说话 shuōhuà   他来讲 tā lái jiǎng
- 吃午饭 chī wǔfàn   去超市 qù chāoshì
- 去中国 qù Zhōngguó   去美国出差 qù Měiguó chūchāi

2 金部长 Jīn bùzhǎng / 五口人 wǔ kǒu rén

- 几口人？ Jǐ kǒu rén?
- 有几口人？ Yǒu jǐ kǒu rén?
- 金部长家有几口人？ Jīn bùzhǎng jiā yǒu jǐ kǒu rén?
- 金部长家有五口人吗？ Jīn bùzhǎng jiā yǒu wǔ kǒu rén ma?
- 金部长家有五口人。 Jīn bùzhǎng jiā yǒu wǔ kǒu rén.

- 他 tā   两口人 liǎng kǒu rén
- 高科长 Gāo kēzhǎng   四口人 sì kǒu rén

- ☐ 意大利 Yìdàlì 「고유」 이탈리아
- ☐ 说话 shuō//huà 「동」 말하다, 이야기하다
- ☐ 讲 jiǎng 「동」 말하다, 이야기하다, 설명하다
- ☐ 超市 chāoshì 「명」 슈퍼마켓('超级市场 chāojíshìchǎng'의 준말)

연습 문제

녹음을 잘 듣고 다음 [보기]에서 일치하는 단어를 고르시오. 🎧 39

보기	属　岁　各　多　先

①_____　②_____　③_____　④_____　⑤_____

회화 내용을 숙지한 후 다음 질문에 대답하시오.

1 九点半他们在哪儿见?

　→ _____。

2 房贵男家有几口人?

　→ _____。

3 吴代理有几个弟弟?

　→ _____。

4 吴代理的弟弟今年多大?

　→ _____。

한국어에 맞게 빈칸을 채워 읽어 보시오.

1 你家有 □□□? 당신의 가족은 몇 식구입니까?

2 今年你爸爸 □□□□? 올해 당신의 아버지는 연세가 어떻게 되십니까?

3 你是 □□? 당신은 (형제자매 중) 몇 째입니까?

4 今年我18 □。 올해 저는 18살입니다.

아래의 제시된 단어를 의미에 맞게 배열하시오.

1 他   工作   什么   做

    → _____?

2 金总家   口   有   两   人

    → _____。

3 请   机票   出示   你们   和   护照   的

    → _____。

4 他   职员   是   公司   也

    → _____。

도전하기

그림보고 대답하기 (준비 시간: 3초 / 대답 시간: 6초) 🎧 40

문제1.

(3초)   제시음_____(6초)_____끝。

그림보고 대답하기 (준비 시간: 3초 / 대답 시간: 6초) 🎧 41

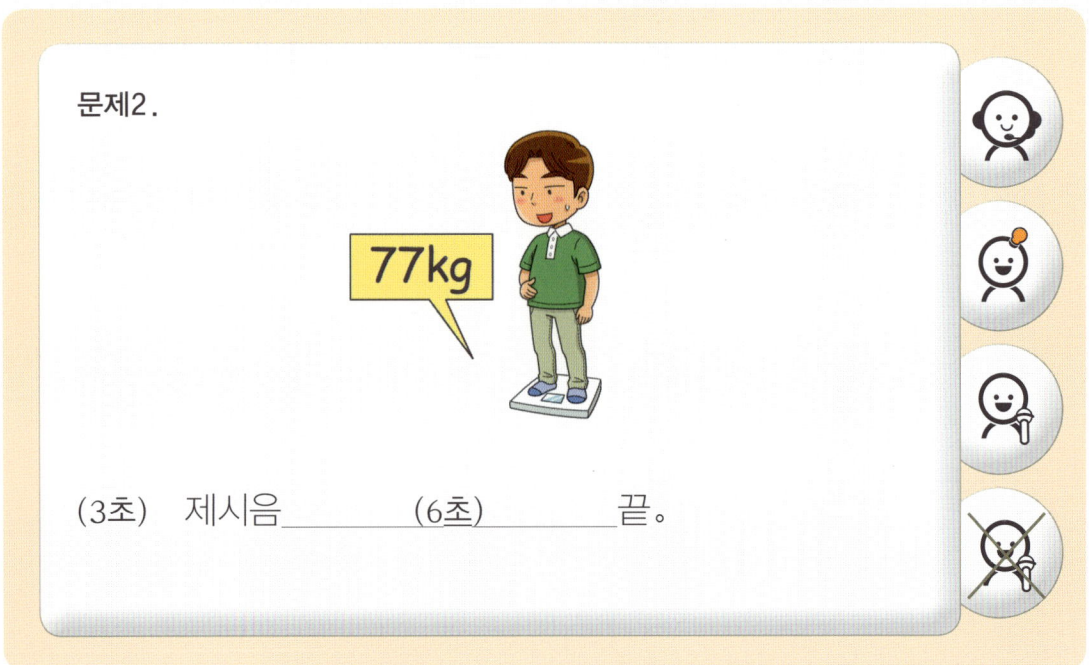

문제2.

(3초)   제시음_____(6초)_____끝。

신속하게 대답하기　(준비 시간: 2초 / 대답 시간 15초)

문제3.

(2초)　제시음＿＿＿＿(15초)＿＿＿＿＿끝。

간단하게 대답하기　(준비 시간: 15초 / 대답 시간: 25초)

문제4.

今年你多大？属什么？

(15초)　제시음＿＿＿＿(25초)＿＿＿＿＿끝。

가족 호칭 🎧44

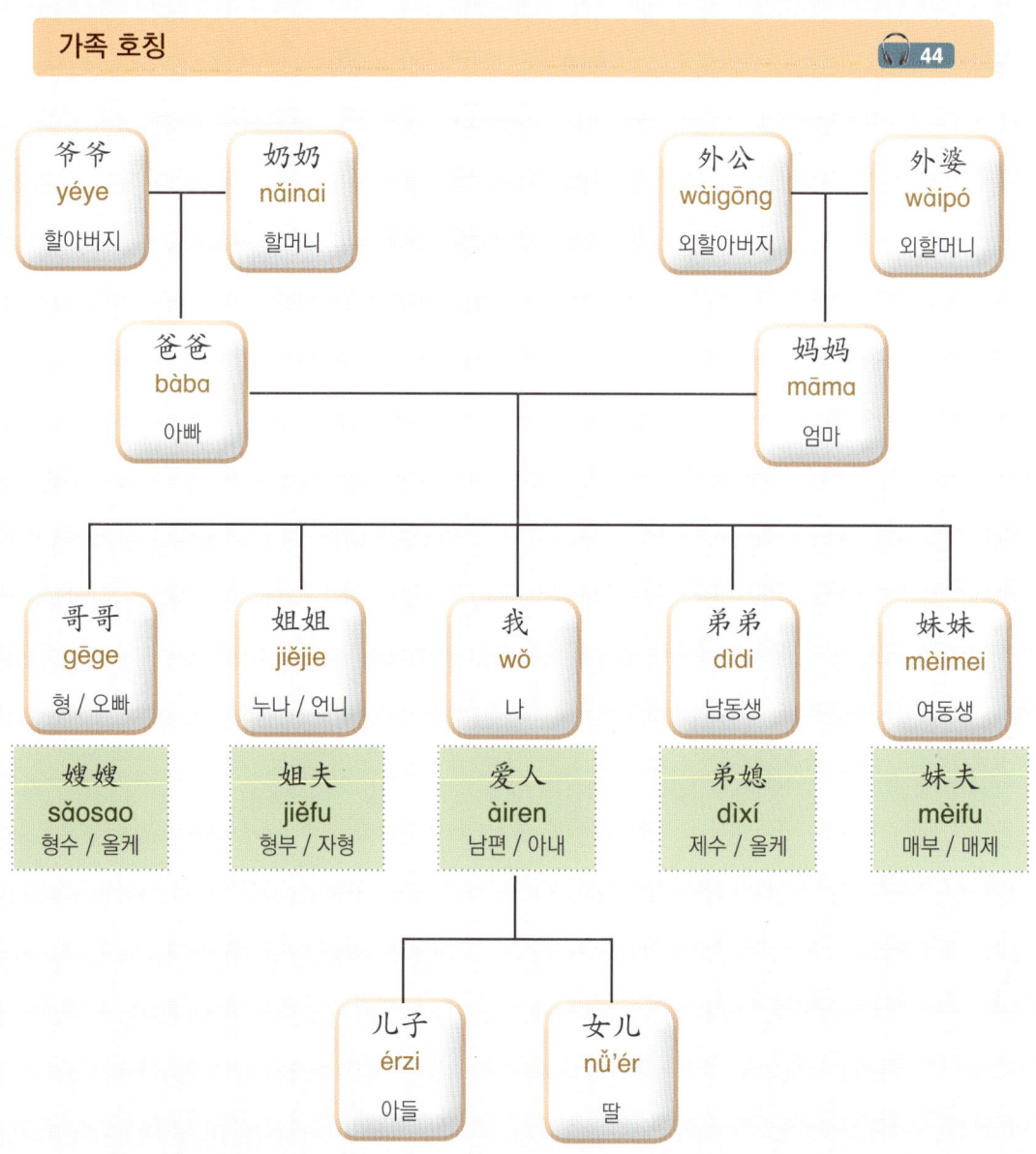

- 祖父 zǔfù 조부
- 外祖父 wàizǔfù 외조부
- 父亲 fùqin 아버지
- 老公 lǎogōng / 丈夫 zhàngfu 남편
- 媳妇 xífu 며느리
- 孙子 sūnzi 손자
- 侄子 zhízi / 侄女 zhínǚ / 外甥 wàisheng / 外甥女 wàishengnǚ 조카
- 祖母 zǔmǔ 조모
- 外祖母 wàizǔmǔ 외조모
- 母亲 mǔqin 어머니
- 老婆 lǎopó / 妻子 qīzi 아내
- 女婿 nǚxù 사위
- 孙女 sūnnǚ 손녀

제05과
欢迎你们来北京。
Huānyíng nǐmen lái Běijīng.

주요 학습 내용

연동문 / 조동사 应该 / 개사구를 이용한 문장 어순 알기

> 베이징수도공항 도착!
> 최 차장님께서 우리를 마중하러 오셨다.
> 오 대리님과의 둘만의 시간을
> 깨주신 것만도 감사한데,
> 아주 친절하고 좋으신 분 같다.
> 잘 부탁드릴게요. 뿌잉뿌잉^^

핵심문장 다시보기 🎧 45

1 这是你们的登机牌。 Zhè shì nǐmen de dēngjīpái.

2 咱们先各逛各的，然后九点半在登机口见，好不好?
Zánmen xiān gè guàng gè de, ránhòu jiǔ diǎn bàn zài dēngjīkǒu jiàn, hǎo bu hǎo?

3 你家有几口人? Nǐ jiā yǒu jǐ kǒu rén?

4 你弟弟今年多大? Nǐ dìdi jīnnián duō dà?

5 他做什么工作? Tā zuò shénme gōngzuò?

 미리보기 🎧 46

① 老样子 lǎoyàngzi 여전하다
② 哪里哪里 nǎli nǎli 천만에요, 뭘요
③ 看上去 kàn shàngqu 보아하니
④ 给 gěi 동 개 주다, ~에게, ~에게 주다
⑤ 认识 rènshi 동 알다

발음UP 🎧 47

〈4음절 단어 발음연습〉

bǎihuòshāngdiàn	百货商店	백화점
chāojíshìchǎng	超级市场	슈퍼마켓
yíngyè shíjiān	营业时间	영업시간
zhìnéng shǒujī	智能手机	스마트폰
shāngwù Hànyǔ	商务汉语	비즈니스 중국어
píngbǎn diànnǎo	平板电脑	태블릿 PC

崔大韩　欢迎你们来北京。一路上辛苦了。
　　　　Huānyíng nǐmen lái Běijīng. Yílùshang xīnkǔ le.

吴公主　好久不见！谢谢您来接我们。
　　　　Hǎojiǔ bújiàn!　Xièxie nín lái jiē wǒmen.

崔大韩　不客气，这是我应该做的。
　　　　Bú kèqi, zhè shì wǒ yīnggāi zuò de.

吴公主　你还是老样子。
　　　　Nǐ háishi lǎoyàngzi.

崔大韩　**哪里哪里**。
　　　　Nǎli nǎli.

　　　　你看上去更漂亮了。
　　　　Nǐ kàn shàngqu gèng piàoliang le.

Tip 자신에 대한 칭찬이나 높은 평가를 받았을 때 겸손히 부정하는 말

꼬마사전

- 路上 lùshang
  명 길 가는 중, 도중
- 应该 yīnggāi
  조동 마땅히 ~해야 한다
- 做 zuò
  동 하다
- 还是 háishi
  부 여전히, 아직도
- 老样子 lǎoyàngzi
  여전하다
- 哪里哪里 nǎli nǎli
  천만에요, 뭘요
- 看上去 kàn shàngqu
  보아하니
- 更 gèng
  부 더욱

崔大韩	这位是…… Zhè wèi shì……
吴公主	啊，我来给你们互相介绍一下。 Ā, wǒ lái gěi nǐmen hùxiāng jièshào yíxià. 这是我们部门新来的职员房贵男。 Zhè shì wǒmen bùmén xīn lái de zhíyuán Fáng Guìnán. 这是分公司的崔次长。 Zhè shì fēngōngsī de Cuī cìzhǎng.
房贵男	您好，认识您很高兴。 Nín hǎo, rènshi nín hěn gāoxìng. 今后请多关照。 Jīnhòu qǐng duō guānzhào.
崔大韩	大家彼此关照。认识你我也很高兴。 Dàjiā bǐcǐ guānzhào. Rènshi nǐ wǒ yě hěn gāoxìng. 这是我的名片，有什么事你可以给 Zhè shì wǒ de míngpiàn, yǒu shénme shì nǐ kěyǐ gěi 我打电话。 wǒ dǎ diànhuà.
房贵男	谢谢您。 Xièxie nín.

꼬마사전

- 给 gěi
  - 동 개 주다, ~에게, ~에게 주다
- 互相 hùxiāng
  - 부 서로, 상호
- 认识 rènshi
  - 동 알다
- 高兴 gāoxìng
  - 형 기쁘다
- 今后 jīnhòu
  - 명 이후, 앞으로
- 关照 guānzhào
  - 동 협력하다, 배려하다, 돌보다, 통보하다
- 彼此 bǐcǐ
  - 대 피차, 서로
- 打 dǎ
  - 동 (전화를) 걸다

정리 노트

1. 연동문

   하나의 주어가 두 개 이상의 동사 술어구를 갖는 문장을 '연동문'이라고 함.

   동사가 많아도 겁낼 필요 없이 중국어에서는 동작이 행해지는 순서대로 말하면 된다.

   ★ 어순: **주어 + 동사₁ + 목적어₁ + 동사₂ + 목적어₂**

   1) 목적형 연동문 → 뒤의 동사가 앞의 동사를 하기 위한 목적을 나타내는 경우

   - 我去商店买衣服。 Wǒ qù shāngdiàn mǎi yīfu. 나는 상점에 가서 옷을 삽니다.
   - 王总去机场接客人。 Wáng zǒng qù jīchǎng jiē kèrén.
     (동사₁)   (동사₂)   왕 사장님은 공항에 가서 손님을 마중합니다.

   (주의점) '来'나 '去' 바로 뒤에는 목적어(장소 명사)를 생략하고 동사를 바로 연결할 수 있다.

   - 孩子们去玩儿。 아이들은 가서 놉니다.
     Háizimen qù wánr.

   - 他们去看电影。 그들은 가서 영화를 봅니다.
     Tāmen qù kàn diànyǐng.

   - 朋友们来吃饭。 친구들이 와서 밥을 먹습니다.
     Péngyǒumen lái chīfàn.

   2) 방식형 연동문 → 앞의 동사가 뒤의 동사를 하기 위한 수단, 방식인 경우

   - 他坐飞机去美国。 Tā zuò fēijī qù Měiguó. 그는 비행기를 타고 미국에 갑니다.
   - 他们用汉语说话。 Tāmen yòng Hànyǔ shuōhuà. 그들은 중국어로 이야기를 합니다.
     (동사₁) (동사₂)

   ★보충 부사(不, 也, 都)는 동사₁ 앞에 위치한다.

   - 我不去看电影。 나는 영화를 보러 가지 않습니다.
     Wǒ bú qù kàn diànyǐng.

   - 他也去商店买东西。 그도 상점에 가서 물건을 삽니다.
     Tā yě qù shāngdiàn mǎi dōngxi.

   ☐ 孩子 háizi 명 아이
   ☐ 坐 zuò 동 (교통 수단을) 타다, 앉다
   ☐ 东西 dōngxi 명 물건

2. 조동사 应该

应该(yīnggāi) ☆ '마땅히 ~해야 한다'라는 뜻.

이치상, 사실상 또는 의무적인 필요, 당위성을 나타내며 부정형은 '不应该(bù yīnggāi)'다.

- 职员应该努力工作。 직원들은 열심히 일해야 합니다.
  Zhíyuán yīnggāi nǔlì gōngzuò.

- 这件事应该告诉金部长。 이 일은 김 부장님께 알려야 합니다.
  Zhè jiàn shì yīnggāi gàosu Jīn bùzhǎng.

- 今天我应该去看看他。 오늘 나는 그를 보러 가야 합니다.
  Jīntiān wǒ yīnggāi qù kànkan tā.

 조동사 '该(gāi)'와 바꿔 말할 수 있다.

3. 개사구를 이용한 문장 어순 알기

중국어에서 개사구의 위치는 술어(동사) 앞에 위치한다는 것은 이미 학습했다.

개사구가 있는 문장에서 부사나 조동사가 올 경우 개사구 앞에 위치한다.

☆ '부사 + 개사구 + 동사 / 조동사 + 개사구 + 동사'

단, 부사와 조동사가 함께 올 경우 부사가 조동사 앞에 쓰인다.

★ 어순: 주어 + (부사) + 조동사 + 개사구 + 동사

你	可以	给我	打	电话。(당신은) 저에게 전화를 걸어도 됩니다.
Nǐ	kěyǐ	gěi wǒ	dǎ	diànhuà.

| 我 | 很 | 想 | 在中国 | 工作。나는 매우 중국에서 일을 하고 싶습니다. |
| Wǒ | hěn | xiǎng | zài Zhōngguó | gōngzuò. |

| 我 | 不 | 想 | 跟你 | 见面。나는 당신과 만나고 싶지 않습니다. |
| Wǒ | bù | xiǎng | gēn nǐ | jiànmiàn. |

| 我 | | 能 | 和你 | 商量 这个问题吗? |
| Wǒ | | néng | hé nǐ | shāngliang zhège wèntí ma? |

나는 당신과 이 문제에 대해 상의해도 됩니까?

☐ 商量 shāngliang (동) 상의하다, 의논하다

핵심 표현 짚어보기

1 有什么事你可以给我打电话。

给 (gěi) ① 동사: 주다
② 개사: ~에게, ~에게 주다

'给'는 '주다'라는 뜻의 동사 이외에 개사로도 쓸 수 있다.
이때 '~에게 (주다), ~를 위해서'라는 의미로 쓰인다.
주어는 '给' 뒤에 나오는 대상에게 (혹은 대상을 위해) 동작을 수행한다.

- 给我钱。Gěi wǒ qián. 저에게 돈을 주세요.
- 给她那本书吧。Gěi tā nà běn shū ba. 그녀에게 그 책을 주세요.
- 给我餐巾纸。Gěi wǒ cānjīnzhǐ. 저에게 냅킨을 주세요.
- 我想给他买漂亮的裤子。나는 그에게 예쁜 바지를 사주고 싶습니다.
  Wǒ xiǎng gěi tā mǎi piàoliang de kùzi.

☐ 餐巾纸 cānjīnzhǐ 명 냅킨
☐ 裤子 kùzi 명 바지

2 看上去你更漂亮了。

'看上去(kàn shàngqu)'는 '보아하니, 보기에'라는 뜻으로 외관상 평가 또는 추측한 내용을 말할 때 쓰인다.

- 这个菜看上去很好吃。이 음식은 아주 맛있어 보입니다.
  Zhège cài kàn shàngqu hěn hǎochī.
- 看上去你今天不高兴。당신은 오늘 기쁘지 않아 보입니다.
  Kàn shàngqu nǐ jīntiān bù gāoxìng.
- 部长看上去很生气。보아하니 부장님께서 화나신 것 같습니다.
  Bùzhǎng kàn shàngqu hěn shēngqì.
- 看上去这个菜很辣。보아하니 이 음식은 매울 거 같습니다.
  Kàn shàngqu zhège cài hěn là.

☐ 菜 cài 명 요리, 음식
☐ 好吃 hǎochī 형 맛있다
☐ 生气 shēng//qì 동 화나다
☐ 辣 là 형 맵다

 말해보기

※ 각 번호에 표시된 단어를 교체연습 단어로 바꿔 가며 연습해 보세요!

1 我 wǒ / 金部长 Jīn bùzhǎng

- 介绍金部长。 Jièshào Jīn bùzhǎng.
- 给我介绍金部长。 Gěi wǒ jièshào Jīn bùzhǎng.
- 你给我介绍金部长。 Nǐ gěi wǒ jièshào Jīn bùzhǎng.
- 你能给我介绍金部长吗? Nǐ néng gěi wǒ jièshào Jīn bùzhǎng ma?
- 你能不能给我介绍金部长? Nǐ néng bu néng gěi wǒ jièshào Jīn bùzhǎng?

 교체연습

- 我 wǒ   你的家人 nǐ de jiārén
- 我们 wǒmen   贵公司 guì gōngsī

2 他 tā

- 认识他。 Rènshi tā.
- 我认识他。 Wǒ rènshi tā.
- 你认识他吗? Nǐ rènshi tā ma?
- 你也认识他吗? Nǐ yě rènshi tā ma?
- 我不认识他。 Wǒ bú rènshi tā.

 교체연습

- 金先生 Jīn xiānsheng
- 这个公司的金部长 zhège gōngsī de Jīn bùzhǎng
- 这个汉字 zhège Hànzì

☐ 家人 jiārén 〈명〉 가족(식구)
☐ 贵公司 guì gōngsī 〈명〉 귀사
☐ 先生 xiānsheng
  〈명〉 선생님, 씨[성인 남성에 대한 경칭]
☐ 汉字 Hànzì 〈명〉 한자

제05과 欢迎你们来北京。

연습 문제

듣기

녹음을 잘 듣고 다음 [보기]에서 일치하는 단어를 고르시오. 🎧 50

| 보기 | 认识　高兴　今后　应该　商量 |

① _____　② _____　③ _____　④ _____　⑤ _____

말하기

회화 내용을 숙지한 후 다음 질문에 대답하시오.

1　他们现在可能在哪儿?

　→ _____。

2　北京分公司的次长姓什么?

　→ _____。

3　谁看上去更漂亮了?

　→ _____。

4　吴公主认识崔次长吗?

　→ _____。

☐ 可能 kěnéng 〔부〕 아마도, 어쩌면

읽기

한국어에 맞게 빈칸을 채워 읽어 보시오.

1 我 ☐ 你 ☐☐ 我的家人。 제가 당신에게 저의 가족을 소개하겠습니다.

2 他 ☐☐☐ 去美国。 그는 비행기를 타고 미국에 갑니다.

3 他们 ☐☐☐ 说话。 그들은 중국어로 말합니다.

4 他 ☐ 去商店 ☐☐☐。 그도 상점에 가서 물건을 삽니다.

쓰기

아래의 제시된 단어를 의미에 맞게 배열하시오.

1 你 贵公司 能 不能 给 我们 介绍

   → _____?

2 认识 高兴 你 很 我 也

   → _____。

3 的 这 做 是 我 应该

   → _____。

4 我 工作 中国 想 很 在

   → _____。

제05과 欢迎你们来北京。

TSC 도전하기

그림보고 대답하기 (준비 시간: 3초 / 대답 시간: 6초) 🎧 51

문제1.

(3초)　제시음_____(6초)_____끝。

그림보고 대답하기 (준비 시간: 3초 / 대답 시간: 6초) 🎧 52

문제2.

(3초)　제시음_____(6초)_____끝。

신속하게 대답하기   (준비 시간: 2초 / 대답 시간 15초)

문제3.

(2초)   제시음_____(15초)_____끝。

간단하게 대답하기   (준비 시간: 15초 / 대답 시간 25초)

문제4.

请介绍一个你的朋友。

(15초)   제시음_____(25초)_____끝。

제05과 欢迎你们来北京。

더하기

공항에 관련된 단어

- 机场 jīchǎng 공항
- 入境卡 rùjìngkǎ 입국카드
- 出境卡 chūjìngkǎ 출국카드
- 健康申明卡 jiànkāngshēnmíngkǎ 건강신고서
- 登机卡 dēngjīkǎ / 登机牌 dēngjīpái 탑승권
- 登机口 dēngjīkǒu 탑승게이트
- 候机室 hòujīshì 대합실
- 起飞 qǐfēi 이륙(하다)
- 降落 jiàngluò 착륙(하다)
- 误点 wùdiǎn / 晚点 wǎndiǎn 연착(하다)
- 停飞 tíngfēi 결항(되다)
- 航班号(码) hángbān hào(mǎ) 비행기 번호
- 座位号(码) zuòwèi hào(mǎ) 좌석 번호
- 国内线 guónèixiàn 국내선
- 国际线 guójìxiàn 국제선
- 免税店 miǎnshuìdiàn 면세점
- 便利店 biànlìdiàn 편의점
- 洗手间 xǐshǒujiān 화장실
- 问讯处 wènxùnchù 안내소
- 手推车 shǒutuīchē 수화물카트
- 海关 hǎiguān 세관

제06과
为我们的友谊和健康干杯!
Wèi wǒmen de yǒuyì hé jiànkāng gānbēi!

주요 학습 내용
음식 주문하는 방법 / 형용사의 중첩/ 최상급 표현 最

> 최 차장님께서 미리 예약해 두신 식당으로 고고~
> 오늘 저녁만큼은 맛있는 중국음식에 술도 한 잔하면서 즐겁게 보낼 수 있겠구나.
> 아름다운 밤이에요~ 후훗^^

핵심문장 다시보기 🎧 56

1. 一路上辛苦了。Yílùshang xīnkǔ le.

2. 谢谢您来接我们。Xièxie nín lái jiē wǒmen.

3. 你还是老样子。Nǐ háishi lǎoyàngzi.

4. 认识您很高兴。Rènshi nín hěn gāoxìng.

5. 有什么事你可以给我打电话。
   Yǒu shénme shì nǐ kěyǐ gěi wǒ dǎ diànhuà.

핵심단어 미리보기 🎧 57

① 菜单 càidān [명] 메뉴

② 点菜 diǎn//cài [동] 요리를 주문하다

③ 享用 xiǎngyòng [동] 누리다, 즐기다, 만끽하다

④ 为 wèi [개] ~을 위하여

⑤ 干杯 gānbēi [동] 건배하다

발음UP 🎧 58

⟨잰말놀이① (绕口令 ràokǒulìng)⟩

Māma qí mǎ, mǎ màn, māma mà mǎ.

妈妈骑马，马慢，妈妈骂马。
엄마가 말을 타는데 말이 느려서 엄마가 말을 꾸짖었다.

회화 ❶

| 崔大韩 | 服务员，给我菜单。
Fúwùyuán, gěi wǒ càidān.
吴代理，房贵男，你们随便点。
Wú dàilǐ, Fáng Guìnán, nǐmen suíbiàn diǎn. |

吴公主　我们什么都可以吃，
　　　　Wǒmen shénme dōu kěyǐ chī,
　　　　请你帮我们点菜吧。
　　　　qǐng nǐ bāng wǒmen diǎn cài ba.

Tip 음식을 주문할 때 "要" 대신 "来"를 많이 사용한다.

崔大韩　好吧，来 一个京酱肉丝，
　　　　Hǎo ba, lái yí ge jīngjiàngròusī,
　　　　一个地三鲜，一个什锦炒饭……
　　　　yí ge dìsānxiān, yí ge shíjǐnchǎofàn

Tip 수사+양사+명사

吴公主　够了，够了。别再点了。
　　　　Gòu le, gòu le. Bié zài diǎn le.

崔大韩　那先这些吧。
　　　　Nà xiān zhèxiē ba.
　　　　我们的菜都不要放香菜。
　　　　Wǒmen de cài dōu búyào fàng xiāngcài.

服务员　好。请稍等一下。
　　　　Hǎo. Qǐng shāo děng yíxià.

꼬마사전

☐ 菜单 càidān
　명 메뉴
☐ 随便 suíbiàn
　부 마음대로, 좋을대로, 자유로이
☐ 点 diǎn
　동 고르다, 선택하다
☐ 帮 bāng
　동 돕다
☐ 点菜 diǎn//cài
　동 요리를 주문하다
☐ 京酱肉丝 jīngjiàngròusī
　명 징장러우쓰
☐ 地三鲜 dìsānxiān
　명 디싼셴
☐ 什锦炒饭 shíjǐnchǎofàn
　명 스진차오판
☐ 够 gòu
　동 충분하다[필요한 수량·기준 등을 만족시킴]
☐ 放 fàng
　동 넣다, 두다, 놓다
☐ 香菜 xiāngcài
　명 향채, 고수

회화 ❷

房贵男　哇！真香，看上去很好吃。
　　　　Wā! Zhēn xiāng, kàn shàngqu hěn hǎochī.

崔大韩　那你们慢慢享用。
　　　　Nà nǐmen mànman xiǎngyòng.

　　　　味道怎么样？好吃吗？
　　　　Wèidao zěnmeyàng? Hǎochī ma?

房贵男　挺好吃的。
　　　　Tǐng hǎochī de.

崔大韩　你们想来点儿什么酒？茅台酒怎么样？
　　　　Nǐmen xiǎng lái diǎnr shénme jiǔ? Máotáijiǔ zěnmeyàng?

　　　　茅台是中国最有名的酒。
　　　　Máotái shì Zhōngguó zuì yǒumíng de jiǔ.

房贵男　我什么都行。
　　　　Wǒ shénme dōu xíng.

崔大韩　来，咱们干一杯吧。
　　　　Lái, zánmen gān yì bēi ba.

　　　　为我们的友谊和健康干杯！
　　　　Wèi wǒmen de yǒuyì hé jiànkāng gānbēi!

房贵男,　干杯！
吴公主　Gānbēi!

> **Tip**
> 개사 '为'는 '(어떤 사람 또는 사물을) 위하여'라는 뜻이다.

꼬마사전

- 香 xiāng
  - 형 향기롭다, (음식이) 맛있다
- 享用 xiǎngyòng
  - 동 누리다, 즐기다, 만끽하다
- 味道 wèidao
  - 명 맛
- 茅台酒 máotáijiǔ
  - 명 마오타이주 (= 茅台 máotái)
- 最 zuì
  - 부 가장, 제일
- 有名 yǒumíng
  - 형 유명하다
- 行 xíng
  - 형 좋다, 괜찮다
- 为 wèi
  - 개 ~을 위하여
- 友谊 yǒuyì
  - 명 우의, 우정
- 健康 jiànkāng
  - 명 건강
- 干杯 gānbēi
  - 동 건배하다

정리 노트

1. 형용사의 중첩

   일부 형용사를 중첩하여 정도의 심화를 나타낸다.(✿강조의 의미)

   1음절: A → AA

   (제2음절은 자주 1성으로 변하며 어미는 '-er화(儿化)'하는 경우가 많다.)

   高 gāo   高高儿 gāogāor   높다

   好 hǎo   好好儿 hǎohāor   좋다, 괜찮다

   2음절: AB → AABB

   (2음절 형용사는 제2음절을 경성으로 가볍게 발음하고, 강세는 맨 끝음절에 둔다.)

   → 'AB'의 'B'가 경성인 2음절 형용사의 경우, 중첩할 때 'B'는 원래 성조로 발음한다.

   漂亮 piàoliang → 漂漂亮亮 piāopiaoliàngliàng   예쁘다

   干净 gānjìng → 干干净净 gānganjìngjìng   깨끗하다

   【주의❗】① 원래 형용사 앞에 정도부사가 오는 것이 원칙이나 형용사의 중첩은 이미 그 자체의 의미가 심화된 상태이기 때문에 형용사를 중첩할 경우는 정도부사의 수식을 받지 않는다.

   [정도부사 + 형용사] = [형용사의 중첩]

   很漂亮   =   漂漂亮亮
   hěn piàoliang   piāopiaoliàngliàng

   很漂漂亮亮 (x)
   hěn piāopiao liàngliàng

   ② 형용사의 중첩은 '不'로 부정하는 일도 없다.

   不漂漂亮亮 (x) → 不漂亮 (o)
   bú piāopiaoliàngliàng   bú piàoliang

   ③ 중첩된 형용사가 문장 끝에 올 경우 문장 끝에 '的'를 붙여 준다.

   - 他今天高高兴兴的。 오늘 그는 매우 기쁩니다.
     Tā jīntiān gāogaoxìngxìng de.

   - 他个子高高的, 胖胖的。 그는 키가 크고, 뚱뚱합니다.
     Tā gèzi gāogao de, pàngpang de.

   ☐ 干净 gānjìng [형] 깨끗하다
   ☐ 个子 gèzi [명] 키
   ☐ 胖 pàng [형] 뚱뚱하다

2. 최상급의 표현 '最(zuì)'

'最(zuì)': 최상급을 나타내는 부사, ☆'무엇보다도 ~하다', '가장, 최고'의 의미.
형용사나 감정을 나타내는 동사 앞에 쓰이며, 가장 두드러짐을 나타냄.

- 北京的秋天天气最好。 베이징의 가을 날씨가 가장 좋습니다.
  Běijīng de qiūtiān tiānqì zuì hǎo.

- 我最喜欢听音乐。 저는 음악 듣는 것을 가장 좋아합니다.
  Wǒ zuì xǐhuan tīng yīnyuè.

- 你觉得什么时候最幸福? 당신은 언제가 가장 행복하다고 생각합니까?
  Nǐ juéde shénme shíhou zuì xìngfú?

- 你最喜欢做什么? 당신은 무엇을 하는 게 가장 좋습니까?
  Nǐ zuì xǐhuan zuò shénme?

☐ 喜欢 xǐhuan 동 좋아하다
☐ 音乐 yīnyuè 명 음악
☐ 幸福 xìngfú 명 형 행복, 행복하다

3. '点(diǎn)'의 여러 가지 의미에 대한 표현

1) 시각을 표현할 때 - '시'

- 现在三点。 Xiànzài sān diǎn. 지금은 3시입니다.

- 我们下午六点见吧。 Wǒmen xiàwǔ liù diǎn jiàn ba. 우리 오후 6시에 만납시다.

2) 소수점 표현할 때 - '점'

- 零点五 líng diǎn wǔ 0.5

- 三点七六 sān diǎn qī liù 3.76

3) '선택하여 고르다, 주문하다'라는 의미를 표현할 때

- 你点你喜欢的菜吧。 당신이 좋아하는 음식으로 주문하세요.
  Nǐ diǎn nǐ xǐhuan de cài ba.

- 你来点歌吧。 Nǐ lái diǎn gē ba. 당신이 노래를 고르세요.

☐ 歌 gē 명 노래

제06과 为我们的友谊和健康干杯！

핵심 표현 짚어보기

1. 我什么都可以吃。

의문대사가 '都(dōu)/也(yě)'와 결합하여 '누구라도, 어느 것이라도' 등의 의미를 나타낸다.

어순: 의문대사 + 都/ 也

(*보통 긍정은 '都'를, 부정은 '都/也' 둘 다 사용한다.)

- 我什么时候都可以。 저는 언제든지 괜찮습니다.
  Wǒ shénme shíhou dōu kěyǐ.
- 这件衣服怎么洗都可以。 이 옷은 어떻게 세탁해도 괜찮습니다.
  Zhè jiàn yīfu zěnme xǐ dōu kěyǐ.
- 我什么东西都（也）不想买。 저는 어떤 물건도 사고 싶지 않습니다.
  Wǒ shénme dōngxi dōu (yě) bù xiǎng mǎi.
- 谁都（也）不知道这个问题。 누구도 이 문제를 모릅니다.
  Shéi dōu (yě) bù zhīdào zhège wèntí.

☐ 洗 xǐ 〔동〕 씻다, 빨다

2. 请你帮我点菜吧。

다른 사람에게 정중하게 어떠한 부탁을 할 때 쓰인다.
'请你帮我~ Qǐng nǐ bāng wǒ~'는 '저를 도와 ~해 주세요', '~좀 도와 주세요'라는 뜻이다.

어순: 请你帮我 + 동사 + 목적어(또는 一下)

- 请你帮我打扫房间。 방 청소하는 것 좀 도와 주세요.
  Qǐng nǐ bāng wǒ dǎsǎo fángjiān.
- 请你帮我订火车票。 기차 표 예매하는 것 좀 도와 주세요.
  Qǐng nǐ bāng wǒ dìng huǒchēpiào.
- 请你帮我拿行李。 Qǐng nǐ bāng wǒ ná xíngli. 짐 좀 들어 주세요.
- 请你帮我找一下。 Qǐng nǐ bāng wǒ zhǎo yíxià. 찾는 것 좀 도와 주세요.
- 请帮我叫一辆出租汽车吧。 택시 좀 한 대 불러 주세요.
  Qǐng bāng wǒ jiào yí liàng chūzūqìchē ba.

(* 회화에서 부탁하는 대상을 보고 이야기 할 때는 '你'를 생략하여 사용 가능하다.)

☐ 打扫 dǎsǎo 〔동〕 청소하다
☐ 火车票 huǒchēpiào 〔명〕 기차 표
☐ 拿 ná 〔동〕 잡다, 쥐다, 들다
☐ 出租汽车 chūzūqìchē 〔명〕 택시

 말해보기

※ 각 번호에 표시된 단어를 교체연습 단어로 바꿔 가며 연습해 보세요!

1 做饭 zuòfàn

- 帮我。 Bāng wǒ.
- 帮我做饭。 Bāng wǒ zuòfàn.
- 请你帮我做饭。 Qǐng nǐ bāng wǒ zuòfàn.
- 请你帮我做饭，好吗? Qǐng nǐ bāng wǒ zuòfàn, hǎo ma?
- 请你帮我做饭吧。 Qǐng nǐ bāng wǒ zuòfàn ba.

 교체 연습

- 洗碗 xǐwǎn
- 点菜 diǎncài

2 友谊和健康 yǒuyì hé jiànkāng

- 友谊和健康 yǒuyì hé jiànkāng
- 为友谊和健康！ Wèi yǒuyì hé jiànkāng!
- 为友谊和健康干杯！ Wèi yǒuyì hé jiànkāng gānbēi!
- 为我们的友谊和健康干杯！ Wèi wǒmen de yǒuyì hé jiànkāng gānbēi!

 교체 연습

- 我们的合作
  wǒmen de hézuò

☐ 做饭 zuò//fàn 동 밥을 짓다
☐ 洗碗 xǐwǎn 동 설거지하다
☐ 合作 hézuò 동 합작하다, 협력하다

연습 문제

녹음을 잘 듣고 다음 [보기]에서 일치하는 단어를 고르시오. 61

| 보기 | 有名　随便　味道　干杯　享用 |

①＿＿＿＿＿　②＿＿＿＿＿　③＿＿＿＿＿　④＿＿＿＿＿　⑤＿＿＿＿＿

회화 내용을 숙지한 후 다음 질문에 대답하시오.

1 他们一共几个人一起吃饭?

→ ＿＿＿＿＿＿＿＿＿＿＿＿＿＿＿＿＿＿＿＿＿＿＿＿＿＿。

2 他们要不要放香菜?

→ ＿＿＿＿＿＿＿＿＿＿＿＿＿＿＿＿＿＿＿＿＿＿＿＿＿＿。

3 他们喝什么酒?

→ ＿＿＿＿＿＿＿＿＿＿＿＿＿＿＿＿＿＿＿＿＿＿＿＿＿＿。

4 他们为什么干杯?

→ ＿＿＿＿＿＿＿＿＿＿＿＿＿＿＿＿＿＿＿＿＿＿＿＿＿＿。

읽기

한국어에 맞게 빈칸을 채워 읽어 보시오.

1 ☐☐☐☐☐? 맛이 어때요?

2 ☐☐☐☐洗碗吧。당신은 저를 도와 설거지를 해주세요.

3 ☐☐☐☐☐☐☐☐☐。베이징의 가을 날씨가 가장 좋습니다.

4 ☐☐☐☐☐☐，胖胖的。그는 키가 크고, 뚱뚱합니다.

쓰기

아래의 제시된 단어를 의미에 맞게 배열하시오.

1 帮　你　请　我　一下　准备　晚饭

→ _____。

2 你们　酒　想　什么　来　点儿

→ _____？

3 幸福　你　最　什么时候

→ _____？

4 问题　谁　不知道　这　个　都

→ _____。

그림보고 대답하기 (준비 시간: 3초 / 대답 시간: 6초) 62

문제1.

(3초)   제시음_____(6초)_____끝。

그림보고 대답하기 (준비 시간: 3초 / 대답 시간: 6초) 63

문제2.

(3초)   제시음_____(6초)_____끝。

신속하게 대답하기 (준비 시간: 2초 / 대답 시간 15초) 🎧 64

간단하게 대답하기 (준비 시간: 15초 / 대답 시간 25초) 🎧 65

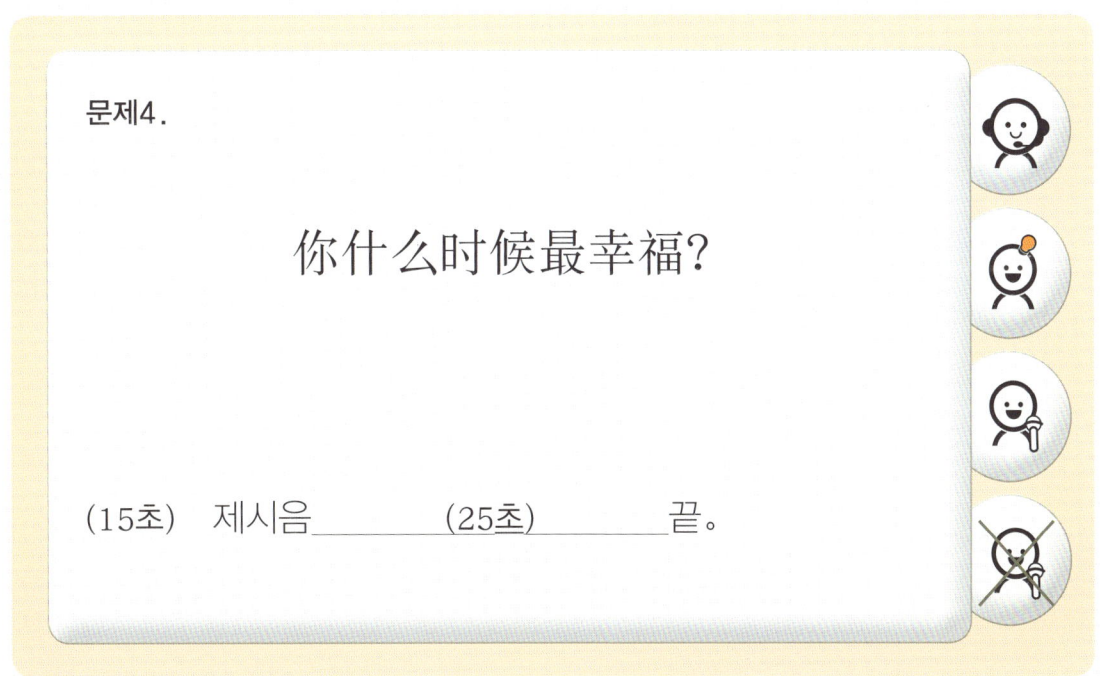

중국의 식사 예절

중국은 음식에 관해서는 세계 최고 수준을 자랑하고 있다. 예로부터 요리에 관한 한 둘째가라면 서러워할 중국은 세계 최고 식도락 천국이다. 중국에서는 손님을 초대, 식사를 할 때 앉는 자리에도 의미가 있다. 집이라면 손님이 안쪽, 주인이 입구에 앉는 것이 일반적이며, 때로는 주인과 손님이 옆좌석에 나란히 앉기도 한다. 초대를 받았을 경우에는 자리를 안내 받을 때까지 기다리는 것이 예의다. 음식점에서 격식을 갖춘 비즈니스 접대를 할 때는 일반적으로 호스트가 출입구를 마주보는 가장 안쪽에 앉고, 호스트의 오른쪽엔 주빈, 왼쪽에 그 다음 서열의 주빈이 앉는다.

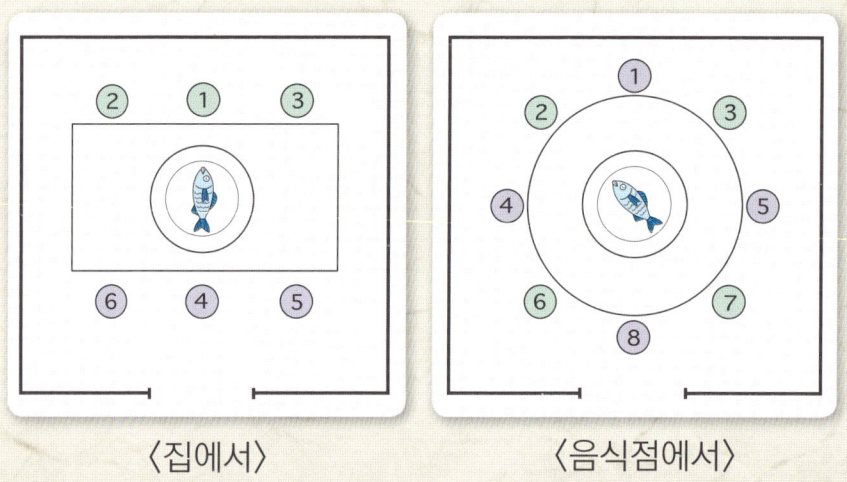

〈집에서〉 〈음식점에서〉

요리가 나오면 손님이 먼저 맛보도록 그 앞에 놓으며 생선 요리는 머리가 좌중의 최고령자나 신분이 가장 높은 손님에게 향하도록 한다. 중국인들은 특히 생선을 좋아한다. 물고기 'yú(鱼)'의 발음이 여유롭다는 의미인 'yú(余)'와 발음이 유사하기 때문이다. 특히 새해에는 '1년내내 여유롭고 풍요로움을 기원(年年有余 niánniányǒuyú)'하며 생선요리를 먹는다. 잉어를 뜻하는 'lǐ(鲤)'라는 글자가 이익을

의미하는 'li(利)'와 발음이 같기 때문에 중국인과 사업이나 협상문제로 만났을 때 잉어를 대접하면 분위기는 자연스레 좋아진다. 또한 중국인들과 술은 떼려야 뗄 수 없는 관계다. 중국은 술을 권하는 사회다. 주인이 자신에게 술을 권했다면 건배 후 다시 회답으로 술을 권해야 한다. 또한 생선요리의 머리가 향한 가장 상석에 앉은 손님은 먼저 술 한 잔을 비워야 한다. [鱼头酒(yútóujiǔ)]

중국은 한국과 달리 술자리에서 자신이 마시던 잔을 절대 돌리지 않으며, 첨잔의 문화가 있다. 술을 마실 때는 혼자 마시고 내려놓지 말고 상대방에게 먼저 권하고 마셔야 한다. 건배할 때 상대방이 먼 좌석에 있을 경우는 술잔의 밑부분을 상 위에 가볍게 부딪히며 상대와 술잔을 마주쳤다는 뜻을 표현하고, 한 손으로 술을 받는다. 술잔을 부딪힌 후에는 '干杯(gānbēi) 잔을 다 비우는 것'을 하는 것이 예의다. 술이 약한 분들은 '随意(suíyì)' 하면서 적당히 마시는 것이 좋고, 술 대신 차나 음료로도 가능하다. [以茶代酒 yǐchá dàijiǔ]

중국의 8대 명주

중국 전통술은 '白酒(báijiǔ)-증류주', '黄酒(huángjiǔ)-양조주', '药味酒(yàowèijiǔ)-혼성주'로 구분할 수 있다. 중국은 역사가 오래된 만큼 4,500여 종의 술이 있다. '전국 평주회(评酒会)'를 개최하여 금메달을 받은 술을 '명주'라 칭하고, 중국 정부에서는 8대 명주에 '중국 명주'라고 쓰인 붉은 띠나 리본을 달아 명주임을 알리고 있다.

白酒(báijiǔ)-증류주(백주)

- 茅台酒 máotáijiǔ 마오타이주
- 五粮液 wǔliángyè 우량예
- 汾酒 fénjiǔ 펀주
- 董酒 dǒngjiǔ 둥주
- 古井贡酒 gǔjǐnggòngjiǔ 구징궁주

黄酒(huángjiǔ)-양조주(황주)

- 绍兴酒 shàoxīngjiǔ 사오싱주
- 龙岩沉缸酒 lóngyánchéngāngjiǔ 롱옌천강주

药味酒(yàowèijiǔ)-혼성주(약미주)

- 竹叶青酒 zhúyèqīngjiǔ 주예칭주

* 최근에는 '水井坊(shuǐjǐngfāng) 수이징팡', '酒鬼(jiǔguǐ) 쥬구이'를 포함하며 '10대 명주'라고 하기도 한다.

제07과
北京的天气跟首尔差不多。
Běijīng de tiānqì gēn Shǒu'ěr chàbuduō.

주요 학습 내용
A 跟 B 一样 / 的时候 / 현재진행형

오늘의 일정은 지사 방문!
최 차장님께서 호텔로 우리를 데리러 와 주셨다.
최 차장님께 이번에 여러모로 신세를
너무 많이 지는 것 같다.
감사합니다.
4월의 베이징 날씨는 참으로 좋구나!

핵심문장 다시보기 🎧 67

1 服务员，给我菜单。 Fúwùyuán, gěi wǒ càidān.

2 我们什么都可以吃，请你帮我们点菜吧。
Wǒmen shénme dōu kěyǐ chī, qǐng nǐ bāng wǒmen diǎn cài ba.

3 茅台是中国最有名的酒。
Máotái shì Zhōngguó zuì yǒumíng de jiǔ.

4 你们慢慢享用。 Nǐmen mànman xiǎngyòng.

5 为我们的友谊和健康干杯！
Wèi wǒmen de yǒuyì hé jiànkāng gānbēi!

핵심단어 미리보기 🎧 68

① 差不多 chàbuduō [형] 비슷하다, 별반 차이가 없다
② 的时候 de shíhou ~할 때에(= 时 shí)
③ 除了A以外 chúle A yǐwài A를 제외하고, A를 빼고
④ 正在 zhèngzài [부] 지금 ~하고 있다[동작이나 행위가 진행 중임을 나타냄]
⑤ 称呼 chēnghu [명][동] 호칭, ~(이)라고 부르다

발음 UP 🎧 69

〈잰말놀이② (绕口令 ràokǒulìng) - 4와 10〉

Sì shì sì, shí shì shí.
Shísì shì shísì, sìshí shì sìshí.
Sìshí bú shì shísì, shísì bú shì sìshí.
Sìshísì bú shì shísì, sìshí bú shì sì.

四是四, 十是十。 4는 4고, 10은 10이다.
十四是十四, 四十是四十。 14는 14고, 40은 40이다.
四十不是十四, 十四不是四十。 40은 14가 아니고, 14는 40이 아니다.
四十四不是十四, 四十不是四。 44는 14가 아니고, 40은 4가 아니다.

제07과 北京的天气跟首尔差不多。

房贵男	今天天气真不错。 Jīntiān tiānqì zhēn búcuò.
崔大韩	对啊，北京的天气跟首尔差不多。 Duì a, Běijīng de tiānqì gēn Shǒu'ěr chàbuduō.
房贵男	夏天怎么样？ Xiàtiān zěnmeyàng? 我八月休假的时候要来北京旅行。 Wǒ bā yuè xiūjià de shíhou yào lái Běijīng lǚxíng. 北京的夏天跟首尔一样热吗？ Běijīng de xiàtiān gēn Shǒu'ěr yíyàng rè ma?
崔大韩	北京更热。你秋天来吧。 Běijīng gèng rè. Nǐ qiūtiān lái ba. 北京的秋天是一年中最好的季节。 Běijīng de qiūtiān shì yìnián zhōng zuìhǎo de jìjié.
房贵男	是吗？那听您的。 Shì ma? Nà tīng nín de.
崔大韩	到了。你们下车吧。请跟我来。 Dào le. Nǐmen xiàchē ba. Qǐng gēn wǒ lái.

Tip
'听 + 대사/명사 + 的'는 어떤 사람의 의견을 받아들임을 나타낸다. (~의 말을 듣다)

꼬마사전

- ☐ 天气 tiānqì
  - 명 날씨
- ☐ 差不多 chàbuduō
  - 형 비슷하다, 별반 차이가 없다
- ☐ 夏天 xiàtiān
  - 명 여름
- ☐ 的时候 de shíhou
  - ~할 때 (= 时 shí)
- ☐ 旅行 lǚxíng
  - 동 여행하다
- ☐ 更 gèng
  - 부 더욱, 더, 훨씬
- ☐ 热 rè
  - 형 덥다
  - (↔ 冷 lěng 춥다)
- ☐ 秋天 qiūtiān
  - 명 가을
- ☐ 一年 yìnián
  - 명 한 해, 일년
- ☐ 季节 jìjié
  - 명 계절
- ☐ 下车 xià//chē
  - 동 차에서 내리다

회화 ②

崔大韩 我们这里一共四个人。
Wǒmen zhèlǐ yígòng sì ge rén.

> **Tip** '这儿'과 같음

除了我以外，都是中国人。
Chúle wǒ yǐwài, dōu shì Zhōngguórén.

他们正在开会，你们在这儿等一下。
Tāmen zhèngzài kāihuì, nǐmen zài zhèr děng yíxià.

(잠시 후 중국인 직원 한 명이 나온다)

职员1 你们好！初次见面。
Nǐmen hǎo! Chūcì jiànmiàn.

我是张代理。您怎么称呼？
Wǒ shì Zhāng dàilǐ. Nín zěnme chēnghu?

房贵男 您好！免贵姓房，叫房贵男。
Nín hǎo! Miǎnguì xìng Fáng, jiào Fáng Guìnán.

职员1 欢迎您到北京来。
Huānyíng nín dào Běijīng lái.

> **Tip** "호칭을 어떻게 할까요?" "이름을 어떻게 부를까요?" 라는 뜻으로 이름을 묻는 방법이다.

房贵男 感谢您的热情接待。
Gǎnxiè nín de rèqíng jiēdài.

꼬마사전

- [ ] **除了A以外** chúle A yǐwài
  A를 제외하고, A를 빼고
- [ ] **正在** zhèngzài
  [부] 지금 ~하고 있다
  [동작이나 행위가 진행 중임을 나타냄]
- [ ] **出来** chū//lái
  [동] (안에서 밖으로) 나오다
- [ ] **初次见面** chūcì jiànmiàn
  처음 뵙겠습니다
- [ ] **称呼** chēnghu
  [명][동] 호칭, ~(이)라고 부르다
- [ ] **免贵** miǎnguì
  저의 성씨는 ~입니다
  [본인을 낮추어 말하는 표현]
- [ ] **感谢** gǎnxiè
  [동] 감사하다
- [ ] **热情** rèqíng
  [형] 열정적이다, 친절하다
- [ ] **接待** jiēdài
  [동] 접대하다, 응대하다

제07과 北京的天气跟首尔差不多。

1. 비교문① = 和(hé)

    1) A 跟 B 一样 / 不一样 / 差不多 (+ 형용사)

        A gēn B yíyàng / bù yíyàng / chàbuduō

        중국어의 비교문 중의 한 형식, ✡'A는 B와(과) 같다 / 다르다 / 비슷하다'라는 뜻.
        두 대상이 서로 같고, 다름 또는 차이가 없음을 나타낼 수 있으며, 구문 뒤에 형용사를 써서
        어떤 면에서 같고 다른지를 나타낼 수 있다.

        - 他的手机跟我的一样。 그의 핸드폰은 내 것과 같습니다.
          Tā de shǒujī gēn wǒ de yíyàng.

        - 他的手机跟我的一样贵。 그의 핸드폰은 내 것과 똑같이 비쌉니다.
          Tā de shǒujī gēn wǒ de yíyàng guì.

        - 金代理跟我一样大。 김 대리는 나와 나이가 같습니다.
          Jīn dàilǐ gēn wǒ yíyàng dà.

        - 北京的冬天跟首尔一样冷。 베이징의 겨울은 서울과 똑같이 춥습니다.
          Běijīng de dōngtiān gēn shǒu'ěr yíyàng lěng.

        - 姐姐的爱好跟我的爱好不一样。 언니의 취미는 내 취미와 다릅니다.
          Jiějie de àihào gēn wǒ de àihào bù yíyàng.

    2) 更 gèng

        두 대상 간에 부사 '更'을 통해 비교를 나타낼 수 있다.

        - 韩国热，中国更热。 한국은 덥습니다. 중국은 더 덥습니다.
          Hánguó rè, Zhōngguó gèng rè.

        - 昨天冷，今天更冷。 어제는 추웠습니다. 오늘은 더욱 춥습니다.
          Zuótiān lěng, jīntiān gèng lěng.

☐ 爱好 àihào 명 취미
☐ 冬天 dōngtiān 명 겨울

2. 현재진행형

부사 '正在(zhèngzài), 正(zhèng), 在(zài)'와 조사 '呢(ne)'를 써서 진행형 문장을 만들 수 있다.

★ 어순: 正在/正/在 + …… (+ 呢)

* 문장 끝에 '呢(ne)'만 넣어도 진행을 나타낼 수 있다.

- 我们正在等金科长的电话。 우리는 김 과장님의 전화를 기다리고 있는 중입니다.
  Wǒmen zhèngzài děng Jīn kēzhǎng de diànhuà.

- 她在开会呢, 你一会儿再来找她吧。
  Tā zài kāihuì ne, nǐ yíhuìr zài lái zhǎo tā ba.
  그녀는 지금 회의 중 입니다. 잠시 후에 다시 그녀를 찾아오세요.

- 他们在看电视呢。 Tāmen zài kàn diànshì ne. 그들은 TV를 보고 있습니다.

- 我们休息呢。 Wǒmen xiūxi ne. 우리는 쉬고 있습니다.

★보충 ① 正(zhèng)

때마침 어떤 상황에 맞닥뜨렸거나 그 당시 그 동작이 발생하고 있는 중임을 강조.

- 外边正下雨。 Wàibian zhèng xiàyǔ. 밖에 마침 비가 오고 있습니다.
- 我也正想喝咖啡。 Wǒ yě zhèng xiǎng hē kāfēi. 나도 마침 커피를 마시고 싶습니다.

② 진행형은 시제와 상관없이 과거, 현재, 미래 상황을 나타낼 수 있다.

- 昨天我去他公司的时候, 他正在开会呢。
  Zuótiān wǒ qù tā gōngsī de shíhou, tā zhèngzài kāihuì ne.
  어제 내가 그의 회사에 갔을 때, 그는 회의 중이었습니다.

- 现在我们正在聊天儿呢。 지금 우리는 이야기하는 중입니다.
  Xiànzài wǒmen zhèngzài liáotiānr ne.

- 明天你去她家的时候, 她一定(正)在睡觉呢。
  Míngtiān nǐ qù tā jiā de shíhou, tā yídìng (zhèng)zài shuìjiào ne.
  내일 당신이 그녀의 집에 갈 때, 그녀는 분명히 자고 있을 겁니다.

→ 일반적으로 '有(yǒu)'를 생략한다.

③ 부정형은 '没有(méiyǒu)'이며, '正'과 '正在' 뒤에는 어떤 일이 진행되었던 시간을 부정하는 것이므로 '没(méi) / 没在(méi zài) + 동작'으로 부정한다.

- A: 他(正)在打电话吗? Tā (zhèng)zài dǎ diànhuà ma? 그는 통화 중입니까?
- B: 他没(在)打电话, 他在睡觉呢。
  Tā méi (zài) dǎ diànhuà, tā zài shuìjiào ne.
  그는 통화 중이 아니고, 자고 있습니다.

☐ 一会儿 yíhuìr [수] 짧은 시간, 잠깐, 잠시
☐ 下雨 xià//yǔ [동] 비가 오다
☐ 一定 yídìng [부] 반드시, 필히, 분명히
☐ 睡觉 shuì//jiào [동] 자다

핵심표현 짚어보기

1. 我八月休假的时候要来北京旅行。

的时候(de shíhou) : ~할 때에

- 中国人过生日的时候吃什么呢? 중국인들은 생일 때 무엇을 먹습니까?
  Zhōngguórén guò shēngrì de shíhou chī shénme ne?
- 有空的时候请随便来访。 시간 있을 때 언제든지 방문해 주십시오.
  Yǒu kòng de shíhou qǐng suíbiàn láifǎng.
- 上学的时候你的学习成绩怎么样? 학교 다닐 때 당신의 성적은 어땠나요?
  Shàngxué de shíhou nǐ de xuéxí chéngjì zěnmeyàng?
- 你周末的时候，一般做什么? 당신은 주말에 보통 무엇을 하십니까?
  Nǐ zhōumò de shíhou, yìbān zuò shénme?

☐ 过 guò 〔동〕 (시점을) 지내다, 보내다, 경과하다
☐ 来访 láifǎng 〔동〕 방문하다
☐ 成绩 chéngjì 〔명〕 성적
☐ 周末 zhōumò 〔명〕 주말
☐ 一般 yìbān 〔형〕 보통이다, 일반적이다

2. 除了我以外，都是中国人。

除了A以外(chúle A yǐwài) : A를 제외하고

① 앞에서 언급한 것 이외에도 또 다른 것이 있음을 3나타낼 때 보통 '还(hái) / 也(yě)'와 호응한다.

- 他们除了意大利以外，还想去法国.
  Tāmen chúle Yìdàlì yǐwài, hái xiǎng qù Fǎguó.
  그들은 이태리 외에 프랑스도 가고 싶어합니다.

② 앞에서 언급한 것을 포함하지 않고, 그 밖의 것들을 나타낼 때 보통 '都(dōu)'와 호응한다.

- 那件事除了我以外，别人都知道了。
  Nà jiàn shì chúle wǒ yǐwài, biérén dōu zhīdao le.
  그 일은 나를 제외하고 다른 사람들은 모두 알고 있었습니다.

☐ 法国 Fǎguó 〔고유〕 프랑스
☐ 别人 biérén
   〔대〕 (나, 또는 특정한 사람 이외의) 다른 사람

 말해보기

※ 각 번호에 표시된 단어를 교체연습 단어로 바꿔 가며 연습해 보세요!

1 去 qù / 北京 Běijīng / 旅行 lǚxíng

- 去北京。 Qù Běijīng.
- 去北京旅行。 Qù Běijīng lǚxíng.
- 要去北京旅行。 Yào qù Běijīng lǚxíng.
- 他要去北京旅行。 Tā yào qù Běijīng lǚxíng.
- 有空的时候，他要去北京旅行。 Yǒu kòng de shíhou, tā yào qù Běijīng lǚxíng.

 교체연습

- 来 lái　我家 wǒ jiā　吃饭 chīfàn
- 见 jiàn　朋友 péngyou　玩儿 wánr

2 中国 Zhōngguó / 韩国 Hánguó

- 中国跟韩国 Zhōngguó gēn Hánguó
- 中国的天气跟韩国 Zhōngguó de tiānqì gēn Hánguó
- 中国的天气跟韩国一样。 Zhōngguó de tiānqì gēn Hánguó yíyàng.
- 中国的天气跟韩国一样冷。 Zhōngguó de tiānqì gēn Hánguó yíyàng lěng.
- 中国的天气跟韩国差不多。 Zhōngguó de tiānqì gēn Hánguó chàbuduō.
- 中国的天气跟韩国不一样。 Zhōngguó de tiānqì gēn Hánguó bù yíyàng.

 교체연습

- 首尔 Shǒu'ěr　北京 Běijīng
- 日本 Rìběn　韩国 Hánguó

제07과 北京的天气跟首尔差不多。

연습 문제

녹음을 잘 듣고 다음 [보기]에서 일치하는 단어를 고르시오. 🎧 72

| 보기 | 称呼　　正在　　季节　　旅行　　下车 |

① _____　② _____　③ _____　④ _____　⑤ _____

회화 내용을 숙지한 후 다음 질문에 대답하시오.

1　北京的夏天跟首尔一样热吗?

→ _____。

2　分公司的职员都是韩国人吗?

→ _____。

3　他们去分公司的时候那儿的职员们正在做什么呢?

→ _____。

4　北京的哪个季节最好?

→ _____。

읽기

한국어에 맞게 빈칸을 채워 읽어 보시오.

1 中国的天气 ☐ 韩国 ☐☐☐ 。 중국의 날씨는 한국과 비슷합니다.

2 昨天我去他公司的时候, ☐☐☐☐☐☐ 。
   어제 제가 그의 회사에 갔을 때, 그는 회의 중이었습니다.

3 ☐☐☐☐☐ , 都是中国人。 나를 제외하고, 모두 중국인입니다.

4 中国人 ☐☐☐☐☐☐ 吃什么呢?
   중국인들은 생일을 보낼 때 무엇을 먹습니까?

쓰기

아래의 제시된 단어를 의미에 맞게 배열하시오.

1 北京 的 跟 一样 热 韩国 吗 夏天

   → _____?

2 我们 四 这里 人 一共 个

   → _____。

3 周末 做 什么 你 的时候 一般

   → _____?

4 我 正 喝 咖啡 想 也

   → _____。

TSC 도전하기

그림보고 대답하기 (준비 시간: 3초 / 대답 시간: 6초) 🎧 73

문제1.

(3초)   제시음_____(6초)_____끝。

그림보고 대답하기 (준비 시간: 3초 / 대답 시간: 6초) 🎧 74

문제2.

(3초)   제시음_____(6초)_____끝。

신속하게 대답하기　(준비 시간: 2초 / 대답 시간 15초) 🎧 75

문제3.

(2초)　제시음_____(15초)_____끝.

간단하게 대답하기　(준비 시간: 15초 / 대답 시간: 25초) 🎧 76

문제4.

你周末的时候, 一般做什么?

(15초)　제시음_____(25초)_____끝.

제07과 北京的天气跟首尔差不多。

더하기

날씨에 관련된 표현

季节 jìjié 계절 (四季 sìjì 사계절)

- 春天 chūntiān 봄
- 夏天 xiàtiān 여름
- 秋天 qiūtiān 가을
- 冬天 dōngtiān 겨울
- 暖和 nuǎnhuo 따뜻하다
- 热 rè 덥다
- 凉快 liángkuai 시원하다, 선선하다
- 冷 lěng 춥다

天气 tiānqì 날씨

- 阴 yīn 흐리다
- 晴 qíng 맑다
- 下雨 xià//yǔ 비가 내리다
- 阵雨 zhènyǔ 소나기
- 打雷 dǎléi 천둥치다
- 刮风 guāfēng 바람이 불다
- 阴天 yīntiān 흐린 날
- 晴天 qíngtiān 맑은 날
- 下雪 xià//xuě 눈이 내리다
- 梅雨 méiyǔ 장마
- 雾 wù 안개
- 天气预报 tiānqì yùbào 일기예보

气温 qìwēn 기온

- 度 dù 도(온도)
- 最高气温 zuì gāo qìwēn 최고 기온
- 最低气温 zuì dī qìwēn 최저 기온
- 零上 língshàng 영상
- 降水量 jiàngshuǐliàng 강수량
- 摄氏度 Shèshìdù 섭씨(온도), ℃
- 零下 língxià 영하
- 降雪量 jiàngxuěliàng 강설량

제08과
请给我发票。
Qǐng gěi wǒ fāpiào.

주요 학습 내용

A 是 A, 不过 / 会 / 一点儿

한국 돌아가기 전 오후에
여유 시간이 주어졌다.
부서 사람들과 가족들 선물을 사러 가고 싶어
오 대리님과 함께 가기로 했다.
한국에서 1년동안 학원에 다닌 실력으로
잘 해낼 수 있을지 모르겠지만….
우리에겐 세계 공용어 바디랭귀지가 있으니 도전해 보자.
고고~ 秀水市场!

핵심문장 다시보기 🎧 78

1. 北京的天气跟首尔差不多。
   Běijīng de tiānqì gēn Shǒu'ěr chàbuduō.

2. 我八月休假的时候要来北京旅行。
   Wǒ bā yuè xiūjià de shíhou yào lái Běijīng lǚxíng.

3. 北京的秋天是一年中最好的季节。
   Běijīng de qiūtiān shì yìnián zhōng zuìhǎo de jìjié.

4. 除了我以外，都是中国人。
   Chúle wǒ yǐwài, dōu shì Zhōngguórén.

5. 他们正在开会呢。 Tāmen zhèngzài kāihuì ne.

핵심단어 미리보기 🎧 79

① (一)点儿 (yì)diǎnr 양 조금, 약간

② 会 huì 조동 ~할 수 있다, ~할 줄 알다

③ 师傅 shīfu 명 기사님, 선생님[기예·기능을 가진 사람에 대한 존칭]

④ 一A就B yī A jiù B A하자마자 B한다, A하기만 하면 B한다
[전후의 두 가지 일·상황이 곧바로 이어짐을 나타냄]

⑤ 发票 fāpiào 명 영수증

발음UP 🎧 80

〈잰말놀이③ (绕口令 ràokǒulìng) - 小礼和小丽〉

Xiǎo Lǐ jiā yǒu lí, Xiǎo Lì jiā yǒu lǐ.
Xiǎo Lǐ bāng Xiǎo Lì zhāi lǐ, Xiǎo Lì bāng Xiǎo Lǐ zhāi lí.

小礼家有梨，小丽家有李。
小礼帮小丽摘李，小丽帮小礼摘梨。

小礼 집에는 배가 있고, 小丽 집에는 자두가 있다.
小礼는 小丽를 도와 자두를 따고, 小丽는 小礼를 도와 배를 딴다.

房贵男	吴代理，我想买点儿东西，一起去，好吗？ Wú dàilǐ, wǒ xiǎng mǎi diǎnr dōngxi, yìqǐ qù, hǎo ma?
吴公主	好是好，不过你会说汉语吗？ Hǎo shì hǎo, búguò nǐ huì shuō Hànyǔ ma?
房贵男	会一点儿。听说秀水市场很有名， Huì yìdiǎnr. Tīngshuō Xiùshuǐ shìchǎng hěn yǒumíng, 我想去那儿。 wǒ xiǎng qù nàr.
吴公主	怎么去？ Zěnme qù?
房贵男	我想坐地铁去，怎么样？ Wǒ xiǎng zuò dìtiě qù, zěnmeyàng?
吴公主	我们不熟悉北京，还是坐出租车吧。 Wǒmen bù shúxi Běijīng, háishi zuò chūzūchē ba.
房贵男	那好！我们打车去吧。 Nà hǎo! Wǒmen dǎchē qù ba.

Tip: "怎么去?"로 물으면 어떠한 교통수단을 이용해서 가는지를 묻는 것이다.

Tip: 여기에 쓰인 '还是'는 접속사가 아닌 부사(평서문)이다. 부사로 쓰일 경우에는 두 가지 상황을 비교하여 비교적 나은 것을 선택한다는 의미이고, 문장 끝에 어기조사 '吧'와 함께 쓰는 경우가 많다.

꼬마사전

- (一)点儿 (yì)diǎnr
  양 조금, 약간
- 会 huì
  조동 ~할 수 있다, ~할 줄 알다
- 秀水市场 Xiùshuǐ Shìchǎng
  고유 슈수이시장
- 地铁 dìtiě
  명 지하철
- 熟悉 shúxi
  형 잘 알다, 익숙하다
- 还是 háishi
  부 하는 편이 (더) 좋다
- 出租车 chūzūchē
  명 택시
  (= 出租汽车 chūzūqìchē)
- 打车 dǎ//chē
  동 택시를 타다
  (= 打的 dǎ//dī)

房贵男	师傅，秀水市场。 Shīfu, Xiùshuǐ shìchǎng.	
司机	好嘞！ Hǎo lei!	**Tip** "OK!"라는 뜻으로 북경토박이들이 쓰는 말이며, 특히 택시 기사들이 많이 쓴다.
房贵男	今天堵车真厉害。 Jīntiān dǔchē zhēn lìhai.	
司机	你们是韩国人吧？ Nǐmen shì Hánguórén ba?	**Tip** 어기조사 '吧'가 쓰인 문장이 의문문일 경우 추측, 확인의 의미가 된다.
房贵男	是啊，你怎么知道？ Shì a, nǐ zěnme zhīdao?	
司机	我一看就知道。 Wǒ yí kàn jiù zhīdao. 到了！前边儿的大楼就是秀水市场。 Dào le! Qiánbianr de dàlóu jiùshì Xiùshuǐ shìchǎng.	
房贵男	靠边儿停一下。请给我发票。 Kàobiānr tíng yíxià. Qǐng gěi wǒ fāpiào.	

꼬마사전

- □ 师傅 shīfu
  - 명 기사님, 선생님
  - [기예·기능을 가진 사람에 대한 존칭]
- □ 堵车 dǔ//chē
  - 동 차가 막히다
- □ 厉害 lìhai
  - 형 엄격하다, 매섭다, 대단하다, 굉장하다
- □ 一A就B yī A jiù B
  - A하자마자 B한다, A하기만 하면 곧 B한다
  - [전후의 두 가지 일·상황이 곧바로 이어짐을 나타냄]
- □ 到 dào
  - 동 도착하다
- □ 大楼 dàlóu
  - 명 빌딩
- □ 靠边(儿) kào//biānr
  - 동 (길) 옆에 붙다, 옆으로 비키다
- □ 停 tíng
  - 동 정지하다, 멈추다
- □ 发票 fāpiào
  - 명 영수증

제08과 请给我发票。

정리 노트

1. 조동사 '会(huì)'

   조동사 '会(huì)'는 크게 두 가지의 의미로 정리 된다.

   1) 어떤 기술이나 능력을 갖고 있음을 나타냄.

      주로 배워서(학습이나 훈련 등) 습득한 능력을 통해 '할 수 있다, 할 줄 알다'의 의미.

      부정형은 '会' 앞에 부정부사 '不(bù)'를 붙여서 '不会(bú huì)'라고 함.

      - 我会开车。Wǒ huì kāichē. 나는 운전을 할 수 있습니다.
      - 我会打字。Wǒ huì dǎzì. 나는 타자를 칠 수 있습니다.
      - 他会说日语。Tā huì shuō Rìyǔ. 그는 일본어를 할 수 있습니다.

      ★보충 ① '会' 뒤에 동사를 생략할 수 있다.
      - 我会汉语。Wǒ huì Hànyǔ. 나는 중국어를 할 수 있다.
      - 我会高尔夫(球)。Wǒ huì gāo'ěrfū(qiú). 나는 골프를 할 수 있다.

      ② 능력이 갖추어져 있고, 그 능력이 상당한 수준에 도달했음을 강조할 때는 일반적으로 조동사 '能(néng)'을 사용한다.

   2) 미래에 대한 추측과 가능성을 나타냄.

      이때 문장 끝에 '的(de)'를 종종 수반할 수 있다.

      부정형은 '会' 앞에 부정부사 '不(bù)'를 붙여서 '不会(bú huì)'라고 함.

      - A: 今天会下雪吗? Jīntiān huì xiàxuě ma? 오늘 눈이 올 것 같습니까?

        B: 不会下雪的。Bú huì xiàxuě de. 눈이 오지 않을 것 같습니다.
      - 明天他不会来。Míngtiān tā bú huì lái. 내일 아마도 그가 오지 않을 것입니다.
      - 我会幸福的。Wǒ huì xìngfú de. 나는 행복할 겁니다.

   ☐ 打字 dǎ//zì 〔동〕 타자를 치다
   ☐ 日语 Rìyǔ 〔명〕 일본어
   ☐ 下雪 xià//xuě 〔동〕 눈이 내리다
   ☐ 高尔夫(球) gāo'ěrfū(qiú) 〔명〕 골프

2. **一点儿(yìdiǎnr)**

양사 一点儿: ☆'조금, 약간'이라는 뜻, 문장 내에서 대체로 동사나 형용사 뒤에 쓰임.

'一'는 종종 생략한다.

1) 동사 / 형용사 + (一)点儿

- 随便吃点儿吧。 Suíbiàn chī diǎnr ba. 마음대로 드십시오.
- 请快点儿。 Qǐng kuài diǎnr. 빨리 하십시오.
- 我要大一点儿的。 Wǒ yào dà yìdiǎnr de. 나는 좀 큰 게 필요합니다.

2) 동사 + (一)点儿 + 명사

- 我想吃点儿面包。 Wǒ xiǎng chī diǎnr miànbāo. 나는 빵을 좀 먹고 싶습니다.
- 我们买点儿东西吧。 Wǒmen mǎi diǎnr dōngxi ba. 우리 물건을 좀 삽시다.
- 咱们喝点儿饮料，怎么样? Zánmen hē diǎnr yǐnliào, zěnmeyàng?
  우리 음료수를 좀 마시는 게 어때요?

▶ '一点儿'은 '조금, 약간'의 의미로 양이 적음도 나타내지만 '좀'이라는 의미가 있다.

우리말의 '뭐 좀 마실까? 우리 밥 좀 먹을까?' 등의 표현처럼 이해하면 편하다.

▶ '一点儿'은 비교의 의미 역시 나타낼 수 있다. (* 자세한 내용은 3권 참조)

☐ 快 kuài 〔형〕〔부〕 빠르다, 빨리
☐ 饮料 yǐnliào 〔명〕 음료

3. **방위사의 특징**

→ 관형어란 주어나 목적어 앞에서 수식 또는 제한하는 성분을 말한다.

1) 방위사는 주어, 목적어, 관형어가 될 수 있다.

① 주어: 下边有什么? Xiàbian yǒu shénme? 아래에 무엇이 있습니까?

② 목적어: 她在我左边。 Tā zài wǒ zuǒbian. 그녀는 나의 왼쪽에 있습니다.

③ 관형어: 右边的自行车是我的。 Yòubian de zìxíngchē shì wǒ de.
    오른쪽 자전거가 제 것입니다.

2) 방위사가 관형어로 쓰일 때는 반드시 '的(de)'를 붙여 줘야 한다.

- 里边的房间很大。 Lǐbian de fángjiān hěn dà. 안에 방은 큽니다.

3) 방위사 앞에 관형어가 나오면 '的(de)'는 생략해도 된다.

- 公司附近有很多商店。 Gōngsī fùjìn yǒu hěn duō shāngdiàn.
  회사 근처에는 많은 상점이 있습니다.

핵심 표현 짚어보기

1 好是好，不过你会说汉语吗？

'A是A，不过 B'의 형태로 쓰인 문장은 'A라는 사실을 인정하지만, B하다'라는 것을 강조하는 구문이다. A는 대체로 형용사이며, '不过' 대신 전환관계를 나타내는 '但是(dànshì), 可是(kěshì)'를 사용해도 된다.

- 这件衣服好看是好看，不过很贵。 이 옷은 예쁘긴 예쁘지만, 매우 비쌉니다.
  Zhè jiàn yīfu hǎokàn shì hǎokàn, búguò hěn guì.
- 我想去是想去，但是没有时间。 나는 가고 싶긴 가고 싶지만, 시간이 없습니다.
  Wǒ xiǎng qù shì xiǎng qù, dànshì méiyǒu shíjiān.
- 喜欢是喜欢，可是我最近不常吃。 좋아하긴 좋아하지만, 나는 요즘 자주 먹지 않습니다.
  Xǐhuan shì xǐhuan, kěshì wǒ zuìjìn bù cháng chī.

☐ 好看 hǎokàn 〔형〕 예쁘다, 아름답다
☐ 最近 zuìjìn 〔명〕 최근
☐ 不常 bù cháng 자주 ~하지 않는다

2 我一看就知道。

1) A하자마자 B한다
   - 시간상 밀접하게 연결된 두 동작을 나타낼 때 쓰인다.

- 我一下班就去喝酒了。 나는 퇴근을 하자마자 술을 마시러 갔습니다.
  Wǒ yí xiàbān jiù qù hē jiǔ le.
- 我一到办公室就开电脑。 나는 사무실에 도착하자마자 컴퓨터를 켭니다.
  Wǒ yí dào bàngōngshì jiù kāi diànnǎo.

2) A하기만 하면 B한다
   - 조건(원인)에 대한 결과를 나타낼 때 쓰인다.

- 我一坐车就睡觉。 나는 차에만 타면 잠을 잡니다.
  Wǒ yí zuò chē jiù shuìjiào.
- 金组长一喝酒就脸红。
  Jīn zǔzhǎng yì hē jiǔ jiù liǎn hóng.
  김 팀장님은 술을 마시기만 하면 얼굴이 빨개집니다.

☐ 开 kāi 〔동〕 켜다, 기계의 ON
☐ 电脑 diànnǎo 〔명〕 컴퓨터
☐ 组长 zǔzhǎng 〔명〕 팀장
☐ 脸 liǎn 〔명〕 얼굴
☐ 红 hóng 〔형〕 빨갛다, 붉다

 말해보기

※ 각 번호에 표시된 단어를 교체연습 단어로 바꿔 가며 연습해 보세요!

1 汉语 Hànyǔ

- 说汉语。 Shuō Hànyǔ.
- 会说汉语。 Huì shuō Hànyǔ.
- 我会说汉语。 Wǒ huì shuō Hànyǔ.
- 你会说汉语吗？ Nǐ huì shuō Hànyǔ ma?
- 你会不会说汉语？ Nǐ huì bu huì shuō Hànyǔ?
- 会是会，不过只会一点儿。 Huì shì huì, búguò zhǐ huì yìdiǎnr.

 교체연습

- 日语 Rìyǔ　西班牙语 Xībānyáyǔ

2 吃 chī / 米饭 mǐfàn

- 吃米饭。 Chī mǐfàn.
- 吃点儿米饭。 Chī diǎnr mǐfàn.
- 想吃点儿米饭。 Xiǎng chī diǎnr mǐfàn.
- 我想吃点儿米饭。 Wǒ xiǎng chī diǎnr mǐfàn.
- 你想吃点儿什么？ Nǐ xiǎng chī diǎnr shénme?

 교체연습

- 喝 hē　水 shuǐ
- 买 mǎi　东西 dōngxi

□ 只 zhǐ 부 단지, 다만, 오직
□ 西班牙语 Xībānyáyǔ 명 스페인어
□ 水 shuǐ 명 물

제08과 请给我发票。

연습 문제

녹음을 잘 듣고 다음 [보기]에서 일치하는 단어를 고르시오.

| 보기 | 厉害　发票　大楼　打车　师傅 |

① _____ ② _____ ③ _____ ④ _____ ⑤ _____

회화 내용을 숙지한 후 다음 질문에 대답하시오.

1 房贵男会说汉语吗?

→ _____ 。

2 房贵男想去哪儿?

→ _____ 。

3 他们怎么去市场?

→ _____ 。

4 房贵男要不要发票?

→ _____ 。

읽기

한국어에 맞게 빈칸을 채워 읽어 보시오.

1 我姐姐 ☐ 毕业 ☐ 找工作了。우리 언니는 졸업하자마자 일을 찾았습니다.

2 我们不熟悉北京，☐☐坐出租车☐。
우리 베이징에 익숙하지 않으니까 택시를 타는 게 좋겠어요.

3 ☐☐☐☐☐☐☐☐☐，不过真贵。
이 옷은 예쁘긴 예쁘지만, 아주 비쌉니다.

4 ☐☐☐☐☐☐。우리 택시 타고 가요.

쓰기

아래의 제시된 단어를 의미에 맞게 배열하시오.

1 前边儿 百货商店 就是 的 大楼

→ _____。

2 什么 我们 点儿 喝

→ _____？

3 我 电脑 一 办公室 就 开 到

→ _____。

4 会 今天 吗 下 雪

→ _____？

그림보고 대답하기 (준비 시간: 3초 / 대답 시간: 6초) 84

문제1.

(3초)   제시음_____(6초)_____끝。

그림보고 대답하기 (준비 시간: 3초 / 대답 시간: 6초) 85

문제2.

(3초)   제시음_____(6초)_____끝。

* 참고 단어: 度 dù 명 도(온도)

신속하게 대답하기 (준비 시간: 2초 / 대답 시간 15초) 86

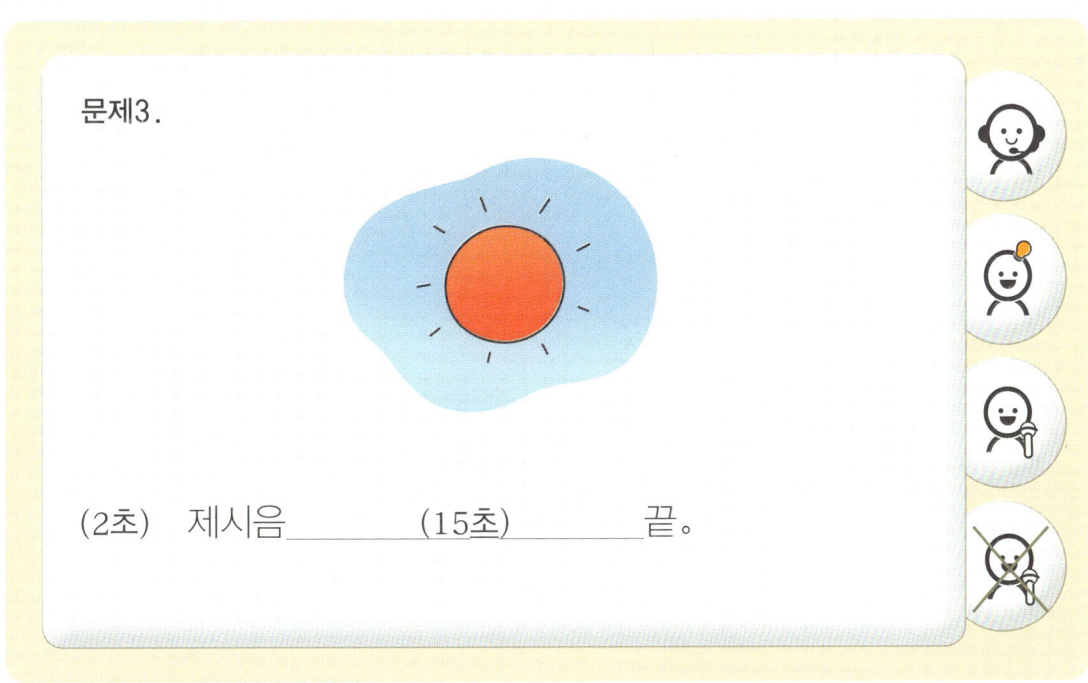

간단하게 대답하기 (준비 시간: 15초 / 대답 시간: 25초) 87

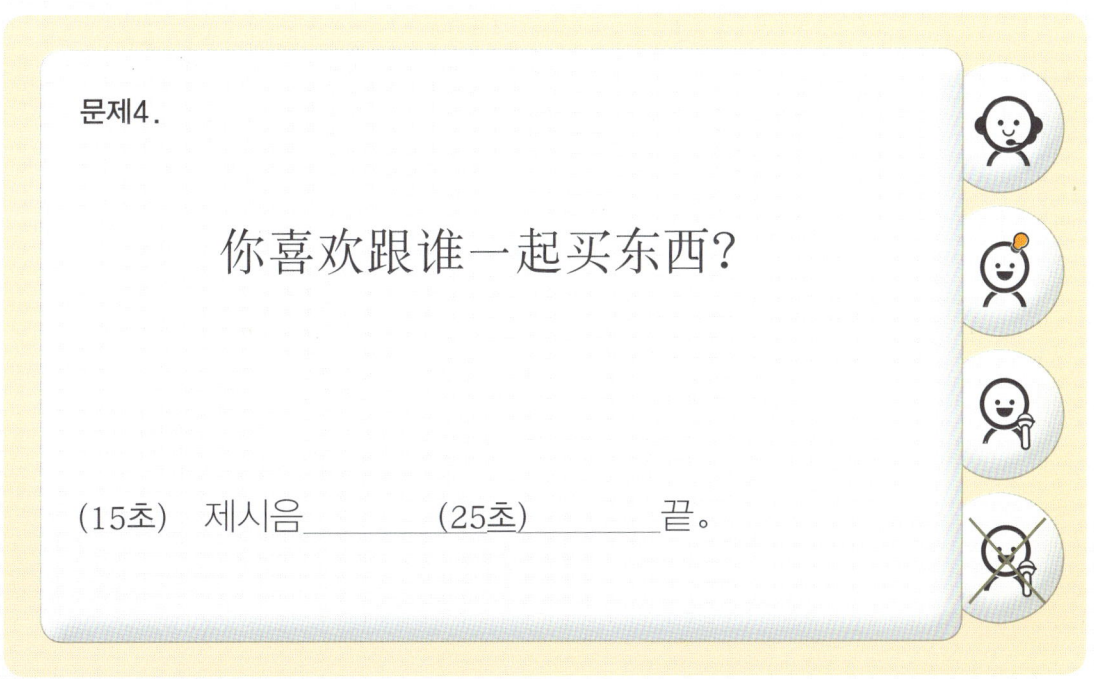

제08과 请给我发票。

더하기

교통수단에 관련된 단어

- 交通工具 jiāotōng gōngjù 교통수단
- 飞机 fēijī 비행기
- 火车 huǒchē 기차
- 船 chuán 배
- 卡车 kǎchē 트럭
- 摩托车 mótuōchē 오토바이
- 公共汽车 gōnggòngqìchē / 公交车 gōngjiāochē 버스
- 出租汽车 chūzūqìchē / 出租车 chūzūchē 택시
- 机场大巴 jīchǎngdàbā 공항리무진
- 地铁 dìtiě 지하철
- 汽车 qìchē 자동차
- 客船 kèchuán 여객선
- 自行车 zìxíngchē 자전거

- 站牌 zhànpái 버스 표지판
- 头班车 tóubānchē 첫차
- 换乘 huànchéng 환승
- 公交车站 gōngjiāo chēzhàn / 公交站 gōngjiāozhàn 버스정류장
- 地铁站 dìtiězhàn 지하철역
- 地铁路线图 dìtiě lùxiàntú 지하철 노선도
- 路线 lùxiàn 버스 노선
- 末班车 mòbānchē 막차
- 交通卡 jiāotōngkǎ 교통카드
- 中转站 zhōngzhuǎnzhàn 환승역

★Tip 동사 '坐(zuò)' 뒤에 교통수단이 오면 '교통수단을 타다'라는 뜻이다.
하지만, 양다리를 벌려 타는 자전거, 오토바이, 말 등은 동사 '骑(qí)'를 사용한다.

제09과

太贵了，便宜一点儿吧。
Tài guì le, piányi yìdiǎnr ba.

주요 학습 내용
有点儿 / 觉得 / 或者

> 말로만 듣던 대륙의 시장이구나.
> 먼저 어머니께 드릴 진주 목걸이부터 사야겠다.
> 중국은 물건값을 잘 깎는 게 중요하니 싸게 잘 사보자.
> 역시 새벽부터 중국어학원을 다닌 보람이 있어. 음하하~
> 우리 수다쟁이 오 대리님
> 입에 꿀을 바르신 듯. ㅋㅋㅋ

핵심문장 다시보기 🎧 89

1 我想买点儿东西，一起去，好吗？
Wǒ xiǎng mǎi diǎnr dōngxi, yìqǐ qù, hǎo ma?

2 好是好，不过你会说汉语吗？
Hǎo shì hǎo, búguò nǐ huì shuō Hànyǔ ma?

3 今天堵车真厉害。Jīntiān dǔchē zhēn lìhai.

4 靠边儿停一下。Kàobiānr tíng yíxià.

5 请给我发票。Qǐng gěi wǒ fāpiào.

핵심단어 미리보기 🎧 90

① 欢迎光临 huānyíng guānglín 어서 오세요
② 怕 pà 동 무섭다, 두렵다, 염려하다
③ 放心 fàng//xīn 동 안심하다
④ 觉得 juéde 동 ~라고 느끼다, 생각하다
⑤ 或者 huòzhě 접 혹은, 또는

발음 UP 🎧 91

〈잰말놀이 ④ (绕口令 ràokǒulìng)〉

Yí piàn yí piàn yòu yí piàn.
Liǎng piàn sān piàn sì wǔ piàn.
Liù piàn qī piàn bā jiǔ piàn.
Xiāng shān hóng yè hóng mǎn tiān.

一片一片又一片。 한 잎, 한 잎 또 한 잎.
两片三片四五片。 두 잎, 세 잎, 네다섯 잎.
六片七片八九片。 여섯 잎, 일곱 잎, 여덟아홉 잎.
香山红叶红满天。 샹산의 단풍이 온 세상을 붉게 물들였네.

제09과 太贵了，便宜一点儿吧。

售货员	欢迎光临。您需要什么？ Huānyíng guānglín. Nín xūyào shénme?
房贵男	我想给妈妈买一条珍珠项链。 Wǒ xiǎng gěi māma mǎi yì tiáo zhēnzhū xiàngliàn.
售货员	你看这个，怎么样？ Nǐ kàn zhège, zěnmeyàng?
房贵男	真好看，多少钱？ Zhēn hǎokàn, duōshao qián?
售货员	五百八十块。 Wǔbǎi bāshí kuài.
房贵男	太贵了，便宜一点儿吧。 Tài guì le, piányi yìdiǎnr ba.
售货员	那么四百八十块，怎么样？ Nàme sìbǎi bāshí kuài, zěnmeyàng?
房贵男	能不能再便宜点儿？给我三百五吧。 Néng bu néng zài piányi diǎnr? Gěi wǒ sānbǎi wǔ ba.
售货员	你真厉害。好吧，下次再来。 Nǐ zhēn lìhai. Hǎo ba, xià cì zài lái.

Tip 정도부사 '太'는 문장 끝에 어기조사 '了'와 함께 쓰는 경우가 많다.

꼬마사전
- 售货员 shòuhuòyuán
  - 명 판매원
- 欢迎光临 huānyíng guānglín
  - 어서 오세요
- 条 tiáo
  - 양 줄기, 가닥
  - [가늘고 긴 것을 셀 때 쓰임]
- 珍珠 zhēnzhū
  - 명 진주
- 项链 xiàngliàn
  - 명 목걸이
- 多少钱 duōshao qián
  - 얼마입니까
- 太 tài
  - 부 매우, 아주
- 便宜 piányi
  - 형 싸다
- 那么 nàme
  - 접 그러면, 그렇다면

회화 ❷

房贵男 给同事们买什么礼物好呢?
Gěi tóngshìmen mǎi shénme lǐwù hǎo ne?

吴公主 咱们买茶叶，怎么样?
Zánmen mǎi cháyè, zěnmeyàng?

不过，听说中国有很多假的。
Búguò, tīngshuō Zhōngguó yǒu hěn duō jiǎ de.

我有点儿怕。
Wǒ yǒudiǎnr pà.

房贵男 放心吧。你觉得买什么茶好呢?
Fàngxīn ba. Nǐ juéde mǎi shénme chá hǎo ne?

吴公主 买龙井茶或者乌龙茶吧。
Mǎi lóngjǐngchá huòzhě wūlóngchá ba.

房贵男 阿姨，这些茶叶怎么卖?
Āyí, zhèxiē cháyè zěnme mài?

阿姨 龙井茶一斤一百块，
Lóngjǐngchá yì jīn yìbǎi kuài,

乌龙茶一斤八十块。
wūlóngchá yì jīn bāshí kuài.

> **Tip**
> 중국과 한국은 "一斤"의 양이 다르다.
> 중국: 一斤 = 500克kè (g)
> 한국: 一斤 = 600克kè (g)

房贵男 那给我们一斤龙井茶和两斤乌龙茶吧。
Nà gěi wǒmen yì jīn lóngjǐngchá hé liǎng jīn wūlóngchá ba.

꼬마사전

- 茶叶 cháyè 명 찻잎
- 假 jiǎ 형 거짓의, 가짜의
- 有点儿 yǒudiǎnr 부 약간, 조금
- 怕 pà 동 무섭다, 두렵다, 염려하다
- 放心 fàng//xīn 동 안심하다
- 觉得 juéde 동 ~라고 느끼다, 생각하다
- 龙井茶 lóngjǐngchá 명 룽징차
- 或者 huòzhě 접 혹은, 또는
- 乌龙茶 wūlóngchá 명 우롱차
- 阿姨 āyí 명 아주머니, 아줌마
- 斤 jīn 양 근[무게의 단위]

제09과 太贵了, 便宜一点儿吧。

1. 有点儿(yǒudiǎnr)

   有点儿: 부사, 형용사 앞에 오며 주로 만족스럽지 않거나 부정적인 경우에 쓰임.
   (심리활동을 나타내는 동사 앞에도 가능)

   ★ 어순: **有点儿 + 형용사(주로 1음절 형용사)**

   - 办公室有点儿脏。 사무실이 조금 더럽습니다.
     Bàngōngshì yǒudiǎnr zāng.

   - 今天我有点儿不高兴。 오늘 나는 조금 기쁘지 않습니다.
     Jīntiān wǒ yǒudiǎnr bù gāoxìng.

   - 这个问题有点儿难。 이 문제는 조금 어렵습니다.
     Zhège wèntí yǒudiǎnr nán.

   ★보충 有点儿 과 一点儿 의 의미 비교

   今天**有点儿**热。 오늘 좀 덥네요. (더운 것이 마음에 들지 않아요)
   Jīntiān yǒudiǎnr rè.

   今天热**一点儿**。 오늘 좀 덥네요. (평소보다 기온이 높은 편이네요)
   Jīntiān rè yìdiǎnr.

   ☐ 脏 zāng 형 더럽다

2. 或者(huòzhě)

   或者: ☆ '또는, 아니면'이라는 뜻을 가지고 있는 접속사.

   주의! '还是(háishi)'와의 차이점: '还是(háishi)'는 의문문, '或者(huòzhě)'는 평서문에 사용.

   ① A 还是 B?
   - 我们去中国还是去美国? 우리 중국에 갈까요 아니면 미국에 갈까요?
     Wǒmen qù Zhōngguó háishi qù Měiguó?

   ② A 或者 B。
   - 我们去中国或者去美国。 우리는 중국 또는 미국에 갑니다.
     Wǒmen qù Zhōngguó huòzhě qù Měiguó.

   - 我们这个月底或者下个月初出发。
     Wǒmen zhège yuèdǐ huòzhě xià ge yuèchū chūfā.
     우리는 이번 달말 또는 다음 달초에 출발합니다.

   ☐ 月底 yuèdǐ 명 월말
   ☐ 月初 yuèchū 명 월초

3. 怎么

의문대사 '怎么(zěnme)': ☆'어떻게(방법)'와 ☆'왜, 어찌하여(이유, 원인)'라는 2가지 뜻.

① '怎么(zěnme)' 바로 뒤에 (동작)동사가 오면 '어떻게'라고 해석.

- 这个菜怎么吃? Zhège cài zěnme chī? 이 요리는 어떻게 먹습니까?
- 这件衣服怎么洗? Zhè jiàn yīfu zěnme xǐ? 이 옷은 어떻게 세탁합니까?
  　　　　　동사

② '怎么(zěnme)'와 동사 사이에 무언가 하나라도 끼어 있으면 ☆'왜, 어찌하여'라고 해석.

- 你怎么不吃饭? Nǐ zěnme bù chīfàn? 당신은 왜 밥을 먹지 않습니까?
- 你怎么一个人去中国? Nǐ zěnme yí ge rén qù Zhōngguó? 당신은 왜 혼자 중국에 갑니까?
  　　　　　동사

★보충 '왜, 어찌하여'라는 뜻으로 쓰일 때는 '为什么(wèishénme)'로 바꿔 말할 수 있다.

제09과 太贵了，便宜一点儿吧。

핵심표현 짚어보기

1 给同事们买什么礼物好呢?

동사구 + 好 : ~하는 것이 낫다, ~하는 것이 좋다

어떤 일을 하는 것이 나은지를 선택, 보통 비교나 사고를 통해 선택할 경우 사용된다.
의문문일 경우 종종 문장 끝에 어기조사 '呢(ne)'와 함께 쓰인다.

- 这件事怎么做好呢? 이 일은 어떻게 하는 게 좋을까요?
  Zhè jiàn shì zěnme zuò hǎo ne?
- 外国朋友过生日的时候送什么礼物好呢?
  Wàiguó péngyou guò shēngrì de shíhou sòng shénme lǐwù hǎo ne?
  외국 친구 생일에 어떤 선물을 하는 게 좋을까요?
- 休假的时候咱们去哪儿玩儿好呢?
  Xiūjià de shíhou zánmen qù nǎr wánr hǎo ne?
  휴가 때 우리 어디 가서 노는 게 좋을까요?

☐ 外国 wàiguó 명 외국

2 你觉得买什么茶好呢?

觉得(juéde) : '~라고 느끼다, 생각하다'라는 뜻으로 자신의 의견이나 주관적인 견해, 생각을 나타낸다.

- 他们觉得学汉语很有意思。 그들은 중국어 공부하는 게 재미있다고 생각합니다.
  Tāmen juéde xué Hànyǔ hěn yǒuyìsi.
- 我觉得这件（衣服）更好看。 나는 이 옷이 더 예쁘다고 생각합니다.
  Wǒ juéde zhè jiàn (yīfu) gèng hǎokàn.
- 你觉得金部长怎么样? 당신이 느끼기에 김 부장은 어떻습니까?
  Nǐ juéde Jīn bùzhǎng zěnmeyàng?

 말해보기

※ 각 번호에 표시된 단어를 교체연습 단어로 바꿔 가며 연습해 보세요!

1 买 mǎi / 香蕉 xiāngjiāo / 草莓 cǎoméi

- 香蕉或者草莓 xiāngjiāo huòzhě cǎoméi
- 买点儿香蕉或者草莓。 Mǎi diǎnr xiāngjiāo huòzhě cǎoméi.
- 想买点儿香蕉或者草莓。 Xiǎng mǎi diǎnr xiāngjiāo huòzhě cǎoméi.
- 我想买点儿香蕉或者草莓。 Wǒ xiǎng mǎi diǎnr xiāngjiāo huòzhě cǎoméi.

 교체연습

- 喝 hē　可乐 kělè　　咖啡 kāfēi
- 吃 chī　面条 miàntiáo　面包 miànbāo

2 他 tā / 个 ge / 中国朋友 Zhōngguó péngyou

- 有中国朋友。Yǒu Zhōngguó péngyou.
- 有一个中国朋友。Yǒu yí ge Zhōngguó péngyou.
- 有很多中国朋友。Yǒu hěn duō Zhōngguó péngyou.
- 他有很多中国朋友。Tā yǒu hěn duō Zhōngguó péngyou.
- 听说他有很多中国朋友。Tīngshuō tā yǒu hěn duō Zhōngguó péngyou.

 교체연습

- 郑老师 Zhèng lǎoshī　本 běn　汉语书 Hànyǔ shū
- 她 tā　　　　　　　个 ge　外国朋友 wàiguó péngyou

☐ 香蕉 xiāngjiāo 명 바나나
☐ 草莓 cǎoméi 명 딸기

제09과 太贵了，便宜一点儿吧。

연습 문제

 녹음을 잘 듣고 다음 [보기]에서 일치하는 단어를 고르시오. 94

| 보기 | 觉得　放心　那么　便宜　或者 |

① _____　② _____　③ _____　④ _____　⑤ _____

 회화 내용을 숙지한 후 다음 질문에 대답하시오.

1 房贵男想买什么?

→ _____。

2 他们给同事们买什么礼物?

→ _____。

3 龙井茶一斤多少钱?

→ _____。

4 乌龙茶一斤多少钱?

→ _____。

한국어에 맞게 빈칸을 채워 읽어 보시오.

1 我们去中国 ☐☐ 去美国？ 우리는 중국에 갑니까 아니면 미국에 갑니까?

2 我们去中国 ☐☐ 去美国。 우리는 중국 또는 미국에 갑니다.

3 ☐☐☐ 贵，便宜 ☐☐☐ 吧。 조금 비쌉니다. 좀 싸게 해 주세요.

4 ☐☐☐☐☐☐☐☐☐☐☐☐ 。
   그들은 중국어 공부하는 게 매우 재미있다고 생각합니다.

아래의 제시된 단어를 의미에 맞게 배열하시오.

1 不过   多   听说   有   中国   很   假的

   → _____ 。

2 呢   给   好   同事们   买   礼物   什么

   → _____ ？

3 便宜   能   点儿   不能   再

   → _____ ？

4 这   洗   衣服   件   怎么

   → _____ ？

TSC 도전하기

그림보고 대답하기 (준비 시간: 3초 / 대답 시간: 6초) 🎧 95

문제1.

(3초)   제시음_____(6초)_____끝。

그림보고 대답하기 (준비 시간: 3초 / 대답 시간: 6초) 🎧 96

문제2.

(3초)   제시음_____(6초)_____끝。

신속하게 대답하기 (준비 시간: 2초 / 대답 시간 15초) 🎧 97

문제3.

(2초)　제시음_____(15초)_____끝.

* 참고 단어: **加班** jiā//bān 동 야근하다, 초과근무를 하다, 시간 외 근무를 하다

간단하게 대답하기 (준비 시간: 15초 / 대답 시간: 25초) 🎧 98

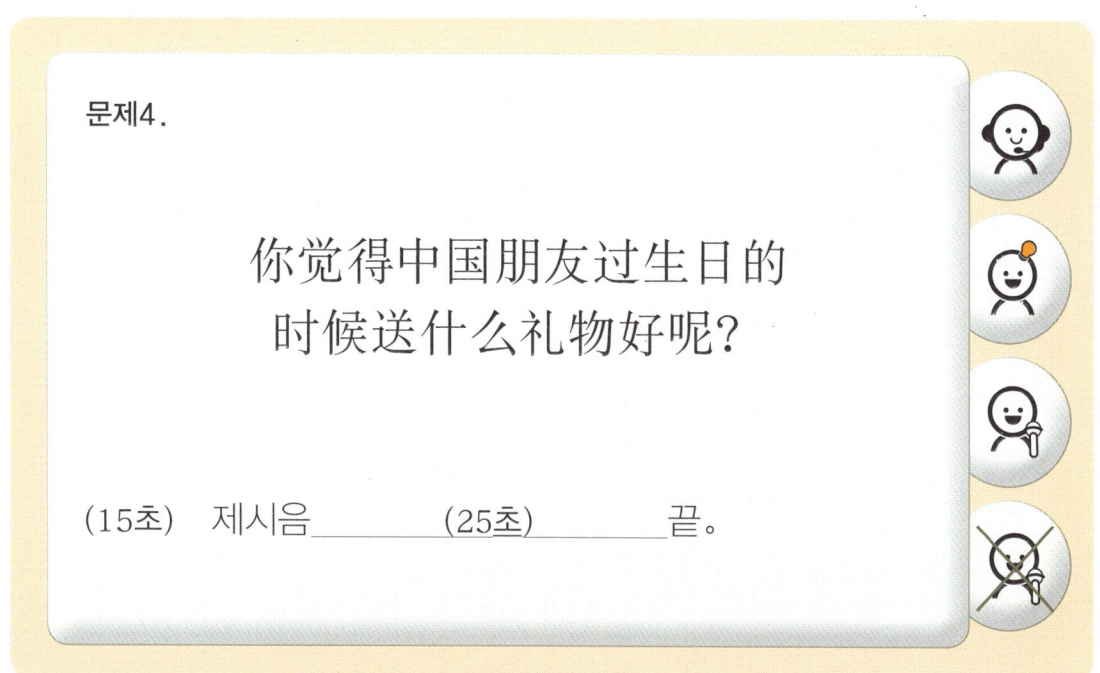

문제4.

你觉得中国朋友过生日的
时候送什么礼物好呢？

(15초)　제시음_____(25초)_____끝.

한국 기업 중국 진출 성공 사례
- 농심 신라면 (辛拉面)

국내의 안정된 매출과 성공은 더 넓은 시장을 개척하는 원동력을 제공해줬다. 농심 차이나(중국법인)는 2014년 1-2월 매출이 사상 최대치를 기록했다. (2014. 3월 발표) 이 중 신라면은 한류 식품의 대표 역할을 톡톡히 하고 있다.

▶ 한국의 맛을 유지하다(가장 한국적인 맛이 가장 세계적인 맛이라는 믿음)

농심의 중국 공략 전략은 '신라면 맛 그대로'다. 중국 진출 당시 신춘호 회장은 "농심의 브랜드를 중국에 그대로 심어야 한다"며 한국인이 좋아하는 얼큰한 맛은 물론이고, 포장, 규격, 조리법 등 모든 면에서 있는 그대로 중국에 가져갔다. 중국 진출 당시 중국에서는 뜨거운 물을 부어서 먹는 컵라면 형식의 라면밖에 없었다. 반면 농심은 다른 회사 제품을 모방하기 보다는 끓여 먹는 새로운 형태의 제품으로 시장에 도전, 더 쫄깃쫄깃한 맛을 내는 면발에 승부를 걸었다. 중국 진출 초기 신라면은 끓여 먹어야 한다는 것을 알리기 위해 광고에 먹는 장면보다 끓이는 장면을 많이 노출했다. 시식회와 TV광고를 통해 3년만에 성과가 나타났다. 하지만 중국인들에게 신라면은 너무 매웠다. 그런 매운 맛을 홍보하기 위해 모택동이 남긴 유명 어록 "不到长城非好汉 bú dào Chángchéng fēi hǎohàn: 만리장성에 오르지 못하면 사나이 대장부가 아니다"에서 힌트를 얻어 "吃不了辣味非好汉 chī bùliǎo làwèi fēi hǎohàn: 매운 것을 먹지 못하면 사나이 대장부가 아니다"라는 카피를 매운 맛을 홍보하기 위한 전략으로 내세워 중국인들의 호응을 얻게 됐다.

▶ 농심 신라면배 세계 바둑 최강전 개최

농심은 중국에서 '농심 신라면배 세계 바둑 최강전'을 후원하고 있다. 농심의 주요 매출 대상이자 라면의 세계 최대 소비국인 중국, 일본 등지에서 신라면의 인지도를 높이기 위해서다. 또한 중국인들의 각별한 바둑 사랑을 이용해 중국인들의 시선을 사로 잡을 수 있는 각종 바둑대회를 개최하고 있다.

▶ 한류 열풍을 이용한 스타 마케팅

중국에 불어닥친 한류 열풍은 신라면의 마케팅 전략에 적지 않은 영향을 미쳤다. 중국 10대들의 관심을 한 몸에 받고 있는 최고의 아이돌 또는 스타를 내세워 홍보용 포스터를 제작, 집중적으로 광고하고 있다. 최근에는 드라마 '별에서 온 그대' 열풍으로 인해 중국내 라면 판매가 크게 증가하고 있다.

▶ 대중교통 수단을 이용한 대대적 홍보

버스를 완전히 '신라면 버스화'해 상하이와 베이징에 대대적인 홍보를 해오고 있다. 신라면 특유의 정열적인 붉은 색상으로 버스 전체를 꾸민 것. 이는 중국인들에게 신라면의 이미지를 보다 친근하게 느끼도록 하는데 큰 영향을 미치고 있다.

▶ 중국을 덮친 SARS, 위기가 기회가 되다

2003년 봄부터 시작된 사스의 광풍은 중국 전역을 꽁꽁 얼어붙게 했다. 그러나 그때 희소식이 들렸다. 발효식품인 김치가 사스를 예방해준다는 기사가 영국 파이낸셜타임즈에 발표된 것. 사스 공포에 떨던 중국인들에게는 다시 없을 희소식이었고, 하루 아침에 농심의 김치라면은 인기 상품이 됐다.

더하기

여러 종류의 상점

- 水果店 shuǐguǒdiàn 과일 가게
- 花店 huādiàn 꽃집
- 药店 yàodiàn 약국
- 书店 shūdiàn 서점
- 咖啡厅 kāfēitīng 커피숍
- 茶馆 cháguǎn 찻집
- 饮料店 yǐnliàodiàn 음료 가게
- 眼镜店 yǎnjìngdiàn 안경원
- 小吃店 xiǎochīdiàn 분식점
- 玩具店 wánjùdiàn 장난감 가게
- 杂货店 záhuòdiàn 잡화점
- 便利店 biànlìdiàn 편의점
- 电影院 diànyǐngyuàn 영화관
- 烟酒店 yānjiǔdiàn 술담배 가게
- 网吧 wǎngba pc방
- 旅行社 lǚxíngshè 여행사

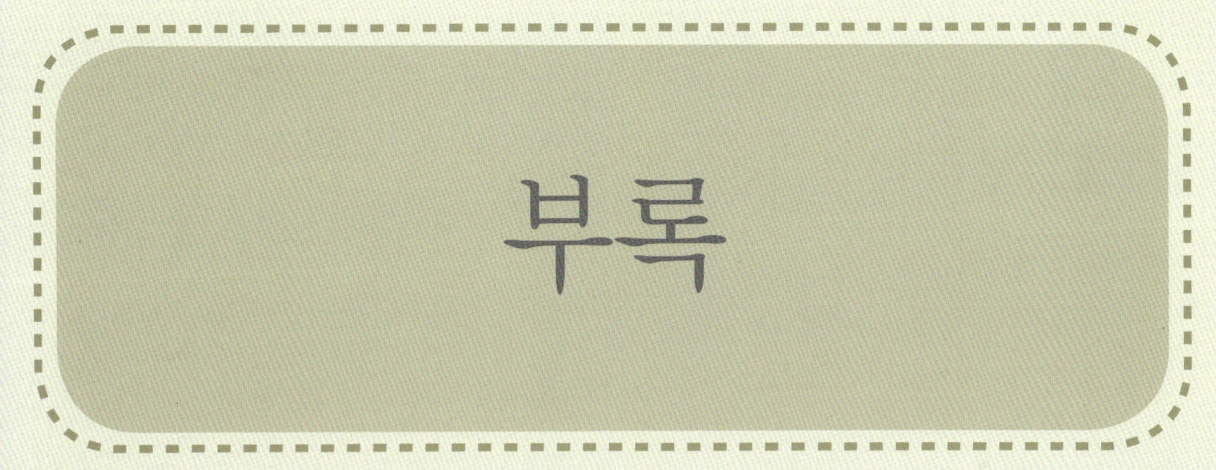

부록

간체자 구성 원리

서기 1949년 중국 대륙에는 모택동이 이끄는 공산당에 의해 중화인민공화국이 선포되었다. 모택동은 1951년 문자개혁의 필요성을 인식하여 한자의 4난 (难认, 难记, 难写, 难读)의 문제점을 해결하고 보통화 보급운동을 위해 한자의 간략화 운동을 추진하였다. 1956년 국무원이 정시으로 《한자간화방안》을 공포한 이래 지속적인 수정 작업을 거쳐 1964년 5월 '문자개혁위원회'가 《간체자총표》총 2238의 간체자를 공포하였다. 한자를 간략화한 방법을 분석해 보면 다음과 같이 몇 가지 유형으로 나눌 수 있다.

1. 옛날부터 사용하던 간체자를 그대로 사용

   (1) 일반 대중이 널리 쓰던 속자를 가려쓸 것

   双(雙), 旧(舊), 会(會),
   当(當), 画(畵)

   (2) 해석화시킨 것 (혹은 윤곽을 따온 것)

   书(書), 鸟(鳥), 东(東),
   见(見), 为(爲), 马(馬),
   专(專), 龟(龜), 仓(倉),
   尽(盡)

   (3) 옛날 고문의 한자를 그대로 사용

   气(氣), 万(萬), 礼(禮),
   虫(蟲), 与(與)

2. 원래 글자에서 일부분을 사용

   (1) 첫부분을 사용

   习(習), 声(聲), 飞(飛),
   医(醫), 业(業)

   (2) 좌방을 사용

   号(號), 亲(親), 虽(雖),
   乡(鄉), 类(類)

   (3) 우방을 사용

   务(務), 条(條), 复(複)

   (4) 중간이나 내부를 사용

   里(裏), 开(開), 术(術),
   灭(滅)

3. 새로 만든 글자

   (1) 회의 (会意)

   阴(陰), 泪(淚), 笔(筆),
   队(隊), 孙(孫)

   (2) 형성(形声)

   远(遠), 灯(燈), 惊(驚),
   种(種), 认(認)

   (3) 간단한 부호와 편방을 쓴 경우

   ⓐ 발음이 관련이 없는 경우

   难(難), 对(對), 鸡(雞),
   汉(漢)

   ⓑ 발음이 관련이 있는 경우

   种(種), 肿(腫), 亿(億),
   拥(擁)

4. 발음이 같고 횟수가 적은 글자로 획수가 많은 글자를 대체한 것

   几(幾), 丑(醜), 干(幹)

한자 필순의 기본 원칙

'필순'이란 한자 낱자를 쓸 때의 순서를 의미한다.

(1) 위에서 아래로 쓴다.
   예 三, 工, 言, 客

(2) 왼쪽에서 오른쪽으로 쓴다.
   예 川, 州, 外

(3) 좌우 대칭될 때는 가운데 부분을 먼저 쓰고 왼쪽, 오른쪽의 순서로 쓴다.
   예 小, 水, 乐

(4) 가로와 세로가 겹칠 때에는 가로획을 먼저 긋는다.
   예 木, 支, 十

(5) 가운데를 뚫는 획은 나중에 긋는다.
   예 中, 车, 手

(6) 허리를 끊는 획은 나중에 긋는다.
   예 母, 女

(7) 받침은 나중에 긋는다.
   예 近, 建, 道

(8) 오른쪽 위에 있는 점은 맨 뒤에 찍는다.
   예 犬, 代, 成

(9) 몸과 안이 있을 때는 몸부터 먼저 긋는다.
   예 同, 固, 內, 因

(10) 삐침은 파임보다 먼저 쓴다.
   예 父, 人, 文

왼쪽 아래로 향하는 것이 삐침
오른쪽 아래로 향하는 것이 파임이다.

해석

제1과 : 이번에 회사에서 저한테 대리님과 같이 출장을 가라고 합니다.

본문

회화1

방귀남: 부장님, 무슨 일로 저를 찾으셨습니까?
한만은: 이번 달에 오 대리가 중국 지사로 출장 가는데 방귀남 씨도 같이 다녀와요.
방귀남: 아, 부장님, 언제 가는 겁니까?
한만은: 4월 중순, 잠깐만요, 스케줄 좀 확인해 볼게요. 4월 13일에 출발이고, 3박 4일이에요.
방귀남: 알겠습니다.

회화2

오공주: 부장님이 방귀남 씨를 왜 찾으신 거예요?
방귀남: 이번에 회사에서 저한테 대리님과 같이 출장 가라고 하시네요.
오공주: 그래요? 이번 출장은 방귀남 씨가 준비해 보세요. 모르는 거 있으면 저한테 물어보세요. 맞다! 중국 가려면 비자가 필요하니까 비자 만드는 것 잊지 마시고요.
방귀남: 알겠습니다.
오공주: 수고하세요.

핵심 문형 말해보기

1. 우리, 만나다
   (교체연습: 그녀들, 졸업하다 / 그들, 결혼하다)
   언제
   언제 만납니까?
   우리 언제 만납니까?
   우리 내일 만납시다.

2. 찾다, 지갑
   (교체연습: 보다, 시계 / 사다, 과일)
   무엇을 찾습니까?
   당신은 무엇을 찾습니까?
   당신은 지갑을 찾습니까?
   나는 지갑을 찾습니다.

TSC 도전하기

1. 녹음) 그들은 언제 출장을 갑니까?
2. 녹음) 그는 누구와 함께 중국에 갑니까?
3. 녹음) 당신들은 어디에 가려고 합니까?
4. 녹음) 보통 당신은 누구와 같이 점심을 먹습니까?

제2과 : 저는 비행기 표를 예약하고 싶습니다.

본문

회화1

항공회사: 여보세요, 안녕하세요. 중국국제항공회사입니다.
방 귀 남: 안녕하세요. 저는 비행기 표를 예약하고 싶습니다.
항공회사: 언제, 어디로 가시는 것이 필요하세요?
방 귀 남: 4월 13일 서울에서 베이징 가는 비행기 표 두 장이 필요합니다.
오전 비행기로 하는 것이 제일 좋습니다.
항공회사: 잠시만 기다리세요.
4월 13일 10시 15분 비행기, 어떻습니까?
방 귀 남: 좋습니다.

회화2

항공회사: 일반석으로 원하십니까?
방 귀 남: 그렇습니다.
항공회사: 편도 티켓으로 해 드릴까요 아니면 왕복 티켓으로 해 드릴까요?
방 귀 남: 왕복티켓이요.
항공회사: 언제 돌아오십니까?
방 귀 남: 4월 16일이요.
항공회사: 두 분의 영문 성함과 여권번호를 알려 주십시오.

핵심 문형 말해보기

1. 그녀의 집, 회사
   (교체연습: 여기, 상하이 / 거기, 시안)
   그녀의 집에서 회사까지
   그녀의 집에서 회사까지 정말 멉니다.
   그녀의 집에서 회사까지 멀지 않습니다.
   그녀의 집에서 회사까지 멉니까?
   그녀의 집에서 회사까지 멉니까 멀지 않습니까?

2. 한 장, 3월 15일, 베이징
   (교체연습: 두 장, 4월 23일, 상하이 /
   세 장, 7월 17일, 시안)

나는 비행기 표를 삽니다.
나는 비행기 표를 사고 싶습니다.
나는 베이징으로 가는 비행기 표를 사고 싶습니다.
나는 3월 15일에 베이징으로 가는 비행기 표를 한 장 사고 싶습니다.

TSC 도전하기

1. 녹음) 그들은 몇 시부터 몇 시까지 회의를 합니까?
2. 녹음) 그녀는 언제 휴가입니까?
3. 녹음) 당신은 보통 신용카드를 사용합니까 아니면 현금을 사용합니까?
4. 녹음) 당신 집에서 회사까지 멉니까 멀지 않습니까?

제3과 : 다음 주에 베이징에 오신다고 들었습니다.

본문

회화1

방귀남: 고 과장님, 실례하겠습니다.
　　　　베이징 지사 전화번호를 알려 주실 수 있으세요?
고대로: 당연하죠, 01063038789예요.
방귀남: 하나 더 여쭤보겠습니다.
　　　　베이징 지사 최 차장님 이메일 주소를 아시나요?
고대로: 잠시만요. beijingcui@hotmail.com입니다.
방귀남: 고맙습니다.
고대로: 고맙긴요.

회화2

방귀남: 여보세요, 안녕하세요, 최 차장님을 찾습니다.
최대한: 바로 접니다, 당신은 누구시죠?
방귀남: 저는 본사 해외영업팀 신입 사원 방귀남이라고 합니다.
최대한: 아, 안녕하세요! 다음 주에 베이징에 오신다고 들었어요.
방귀남: 맞습니다! 4월 13일 오전 10시 15분 비행기입니다.
최대한: 그럼 13일에 제가 공항에 마중 가겠습니다. 그때 볼게요.
방귀남: 감사합니다.

핵심 문형 말해보기

1. 사용하다, 당신의 핸드폰
　(교체연습: 참가하다, 회의 /
　　　　　　참가하다, 오늘의 저녁 모임)
　당신의 핸드폰을 사용합니다.
　당신의 핸드폰을 사용해도 됩니까?
　제가 당신의 핸드폰을 사용해도 됩니까?
　제가 당신의 핸드폰을 사용해도 됩니까 안 됩니까?

2. 가다, 중국
　(교체연습: 보다, 중국 영화 / 만나다, 성룡)
　나는 중국에 갑니다.
　나는 중국에 가고 싶습니다.
　나는 정말 중국에 가고 싶습니다.
　나는 중국에 가고 싶지 않습니다.
　당신은 중국에 가고 싶습니까?
　당신은 중국에 가고 싶습니까 안 가고 싶습니까?

TSC 도전하기

1. 녹음) 그의 핸드폰 번호는 몇 번입니까?
2. 녹음) 실례지만, 여기서 햄버거를 먹어도 될까요?
3. 녹음) 당신은 그가 누군지 압니까?
4. 녹음) 당신의 이메일 주소가 무엇입니까?

제4과 : 당신의 가족은 몇 식구입니까?

본문

회화1

(발권 데스크에서)
직　원: (두 분의) 비행기 표와 여권을 보여 주십시오.
　　　　부치실 짐이 있으십니까?
오공주: 이거 한 개입니다.
직　원: 여기 탑승권입니다. 즐거운 여행 되십시오.
(면세점 앞에서)
오공주: 우리 먼저 각자 구경하고, 그리고 나서 9시반에 탑승구에서 만날까요?
방귀남: 좋은 생각입니다. 잠시 후에 봬요.

회화2

(비행기 안에서)
오공주: 가족이 몇 식구예요?
방귀남: 다섯 식구입니다. 아버지, 어머니, 누나 두 명과 저요. 저는 막내입니다. 대리님은요?

해석

오공주: 저는 첫째예요. 밑으로 남동생 한 명이 있어요.
방귀남: 그래요? 남동생은 올해 몇 살이에요?
오공주: 24살, 말 띠예요.
방귀남: 남동생은 무슨 일을 하세요?
오공주: 남동생도 회사원이에요.

핵심 문형 말해보기

1. 중국에 가다, 이탈리아로 가다
   (교체연습: 말하다, 그가 설명하다 /
             점심을 먹다, 마트에 가다 /
             중국에 가다, 미국으로 출장 가다)
   중국에 갑니다.
   우리는 먼저 중국에 갑니다.
   우리는 먼저 중국에 간 다음에 이탈리아로 갑니다.
   우리 먼저 중국에 간 다음에 이탈리아로 갑시다.
   우리 먼저 중국에 간 다음에 이탈리아로 가는 게 어때요?

2. 김 부장, 다섯 식구
   (교체연습: 그, 두 식구 / 고 과장, 네 식구)
   몇 식구?
   몇 식구입니까?
   김 부장님의 가족은 몇 식구입니까?
   김 부장님의 가족은 다섯 식구입니까?
   김 부장님의 가족은 다섯 식구입니다.

TSC 도전하기

1. 녹음) 그녀는 키가 몇 입니까?
2. 녹음) 그는 몸무게가 얼마입니까?
3. 녹음) 이번 주 토요일에 우리 같이 영화를 보러 가는 게 어떻습니까?
4. 녹음) 올해 당신은 몇 살입니까? 무슨 띠입니까?

제5과 : 베이징에 오신 걸 환영합니다.

본문

회화1

최대한: 베이징에 오신 걸 환영합니다. 오시느라 고생했어요.
오공주: 오랜만이에요. 마중하러 와 주셔서 감사합니다.
최대한: 아니에요, 제가 당연히 해야 할 일인걸요.
오공주: 여전하시네요.
최대한: 뭘요, 아니에요.
        보아하니 오 대리님은 더 예뻐졌네요.

회화2

최대한: 이 분은…
오공주: 아, 제가 두 분을 서로 소개해 드릴게요.
        이 분은 저희 부서 신입 사원 방귀남 씨고요.
        이 분은 베이징 지사 최 차장님이세요.
방귀남: 안녕하세요, 알게 되어 정말 기쁩니다.
        앞으로 잘 부탁드리겠습니다.
최대한: 모두가 서로 협력해야죠. 알게 돼서 저도 기뻐요.
        이건 제 명함이에요. 무슨 일 있으면 저한테 전화주세요.
방귀남: 감사합니다.

핵심 문형 말해보기

1. 나, 김 부장
   (교체연습: 나, 당신 가족 / 우리, 귀사)
   김 부장님을 소개합니다.
   나에게 김 부장님을 소개해 주세요.
   당신이 나에게 김 부장님을 소개해 주세요.
   당신이 나에게 김 부장님을 소개해 줄 수 있습니까?
   당신이 나에게 김 부장님을 소개해 줄 수 있습니까 없습니까?

2. 그
   (교체연습: 김 선생 / 이 회사의 김 부장 / 이 한자)
   그를 압니다.
   나는 그를 압니다.
   당신은 그를 압니까?
   당신도 그를 압니까?
   나는 그를 모릅니다.

TSC 도전하기

1. 녹음) 그는 어디에서 점심을 먹습니까?
2. 녹음) 누구의 나이가 더 많습니까?
3. 녹음) 당신은 새로 왔습니까?
4. 녹음) 당신의 친구 한 명을 소개해 주세요.

제6과 : 우리들의 우정과 건강을 위하여 건배!

본문

회화1

최대한: 종업원, 메뉴판 주세요.
오 대리님, 방귀남 씨 마음대로 주문하세요.
오공주: 저희는 뭐든지 다 좋아요.
차장님께서 주문해 주세요.
최대한: 좋아요, 징장러우쓰 하나, 디싼셴 하나, 스진 차오판 하나…
오공주: 충분해요, 충분해요, 더 이상 주문하지 마세요.
최대한: 그럼 먼저 이렇게 주세요.
저희 음식에 향채 넣지 말아주세요.
종업원: 알겠습니다. 잠시만 기다리세요.

회화2

방귀남: 와! 냄새가 좋아요, 아주 맛있어 보여요.
최대한: 그럼 맛있게 드세요. 맛은 어때요? 맛있나요?
방귀남: 아주 맛있습니다.
최대한: 술은 어떤 걸로 마시고 싶어요?
마오타이주 어때요?
마오타이주는 중국에서 제일 유명한 술이에요.
방귀남: 저는 뭐든 다 좋습니다.
최대한: 자, 우리 건배합시다.
우리들의 우정과 건강을 위하여 건배!
방귀남,오공주: 건배!

핵심 문형 말해보기

1. 밥을 하다
   (교체연습: 설거지를 하다 / 주문하다)
   저를 도와 주세요.
   저를 도와 밥을 하세요.
   저를 도와 밥을 해 주세요. (정중한 표현)
   저를 도와 밥을 해 주실 수 있습니까?
   저를 도와 밥을 해 주세요.

2. 우정과 건강
   (교체연습: 우리의 합작)
   우정과 건강
   우정과 건강을 위하여!
   우정과 건강을 위하여 건배!
   우리들의 우정과 건강을 위하여 건배!

TSC 도전하기

1. 녹음) 보기에 그녀들은 어떻습니까?
2. 녹음) 그녀는 무슨 음식을 좋아합니까?
3. 녹음) 당신은 무슨 음식을 주문하려고 합니까?
4. 녹음) 당신은 언제 가장 행복합니까?

제7과 : 베이징의 날씨는 서울과 비슷합니다.

본문

회화1

방귀남: 오늘 날씨 정말 좋네요.
최대한: 맞아요, 베이징의 날씨는 서울과 비슷해요.
방귀남: 여름은 어때요? 8월 휴가 때 베이징에 여행을 오려고 합니다.
베이징의 여름 날씨는 한국과 똑같이 덥나요?
최대한: 베이징이 훨씬 더워요. 가을에 오세요.
베이징은 가을 날씨가 일 년 중 가장 좋은 계절이에요.
방귀남: 그래요? 차장님 말씀대로 해야겠습니다.
최대한: 도착했습니다. 내리시죠. 저를 따라오세요.

회화2

최대한: 우리 여기에는 모두 네 명이 있습니다.
저를 제외하고, 모두 중국인이에요.
직원들이 회의 중이니, 여기에서 좀 기다리세요.
(잠시 후 중국인 직원 한 명이 나온다)
직 원1: 안녕하세요! 처음 뵙겠습니다.
저는 장 대리입니다. 성함이 어떻게 되십니까?
방귀남: 안녕하세요. 저는 성은 방, 방귀남이라고 합니다.
직 원1: 베이징에 오신 걸 환영합니다.
방귀남: 환영해 주셔서 감사합니다.

핵심 문형 말해보기

1. 가다, 베이징, 여행하다
   (교체연습: 오다, 우리 집, 밥을 먹다 /
             만나다, 친구, 놀다)
   베이징에 갑니다.
   베이징으로 여행을 갑니다.
   베이징으로 여행을 가려고 합니다.
   그는 베이징으로 여행을 가려고 합니다.

해석

시간이 있을 때, 그는 베이징으로 여행을 가려고 합니다.

2. 중국, 한국
(교체연습: 서울, 베이징 / 일본, 한국)
중국과 한국
중국의 날씨와 한국
중국의 날씨는 한국과 같습니다.
중국의 날씨는 한국과 같이 춥습니다.
중국의 날씨는 한국과 비슷합니다.
중국의 날씨는 한국과 다릅니다.

TSC 도전하기
1. 녹음) 오늘 날씨는 어떻습니까?
2. 녹음) 서울의 여름은 베이징과 똑같이 덥습니까?
3. 녹음) 당신은 어느 계절을 제일 좋아합니까?
4. 녹음) 당신은 주말에 보통 무엇을 합니까?

제8과 : 영수증 주세요.

본문

회화1

방귀남: 오 대리님, 저는 물건을 좀 사고 싶은데요. 같이 가시겠습니까?
오공주: 좋긴 한데, 방귀남 씨 중국어 할 줄 알아요?
방귀남: 조금 할 줄 압니다. 듣자 하니 슈수이시장이 유명하다고 해요. 거기에 가고 싶습니다.
오공주: 어떻게 가요?
방귀남: 지하철을 타고 가고 싶은데요, 어떠세요?
오공주: 우리는 베이징 지리에 익숙하지 않으니까 택시를 타는 게 좋겠어요.
방귀남: 네. 좋아요. 택시 타고 가요.

회화2

방귀남: 기사님, 슈수이시장이요.
기　사: 알겠습니다.
방귀남: 오늘 차가 정말 많이 막히네요.
기　사: 한국인이시죠?
방귀남: 맞습니다. 어떻게 아셨어요?
기　사: 보면 바로 알지요. 도착했습니다! 앞쪽에 빌딩이 바로 슈수이시장이에요.
방귀남: 길 옆에 세워 주세요. 영수증 주세요.

핵심 문형 말해보기

1. 중국어
(교체연습: 일본어 / 스페인어)
중국어를 말합니다.
중국어를 할 줄 압니다.
나는 중국어를 할 줄 압니다.
당신은 중국어를 할 줄 압니까?
당신은 중국어를 할 줄 압니까 모릅니까?
할 줄은 아는데 조금밖에 못합니다.

2. 먹다, 밥
(교체연습: 마시다, 물 / 사다, 물건)
밥을 먹습니다.
밥을 좀 먹습니다.
밥을 좀 먹고 싶습니다.
나는 밥을 좀 먹고 싶습니다.
당신은 뭐가 먹고 싶습니까?

TSC 도전하기
1. 녹음) 지갑 안에 뭐가 있습니까?
2. 녹음) 지금 사무실 안은 몇 도입니까?
3. 녹음) 오늘 비가 옵니까?
4. 녹음) 당신은 누구와 물건을 사는 것을 좋아합니까?

제9과 : 너무 비싸요, 좀 싸게 해 주세요.

본문

회화1

판매원: 어서 오세요, 무엇이 필요하세요?
방귀남: 어머니께 드릴 진주 목걸이를 사려고 합니다.
판매원: 이거 보세요, 어때요?
방귀남: 아주 예쁘네요, 얼마입니까?
판매원: 580위안입니다.
방귀남: 너무 비싸요, 좀 싸게 해 주세요.
판매원: 그럼 480위안, 어때요?
방귀남: 좀 더 싸게 안 되나요? 350위안에 주세요.
판매원: 정말 대단하시네요. 좋아요, 다음에 또 오세요.

회화2

방 귀 남: 동료들에게 줄 선물은 어떤 게 좋을까요?
오 공 주: 우리 찻잎 사는 게 어때요?
그런데, 듣자 하니 중국에 가짜가 많다고 해서 나는 조금 겁나네요.

방 귀 남: 안심하세요. 오 대리님 생각엔 어떤 차가 좋으세요?
오 공 주: 룽징차 또는 우롱차로 해요.
방 귀 남: 아주머니, 이 찻잎들 어떻게 팔아요?
아주머니: 룽징차는 한 근에 100위안, 우롱차는 한 근에 80위안이에요.
방 귀 남: 그럼 룽징차 한 근, 우롱차 두 근 주세요.

핵심 문형 말해보기

1. 사다, 바나나, 딸기
(교체연습: 마시다, 콜라, 커피 / 먹다, 국수, 빵)
바나나 또는 딸기
바나나 또는 딸기를 좀 삽니다.
바나나 또는 딸기를 좀 사고 싶습니다.
나는 바나나 또는 딸기를 좀 사고 싶습니다.

2. 그, 명, 중국 친구
(교체연습: 정 선생님, 권, 중국어 책 / 그녀, 명, 외국 친구)
중국 친구가 있습니다.
한 명의 중국 친구가 있습니다.
많은 중국 친구가 있습니다.
그는 많은 중국 친구가 있습니다.
듣자 하니 그는 많은 중국 친구가 있다고 합니다.

TSC 도전하기

1. 녹음) 그들은 어떻게 백화점에 갑니까? (수단, 방법)
2. 녹음) 보기에 그는 어떻습니까?
3. 녹음) 오늘 당신은 야근을 해야 합니까?
4. 녹음) 당신은 중국 친구 생일 때 무슨 선물을 하는 게 좋다고 생각합니까?

정답

제1과 [p.24~27]

연습문제

듣기
① 准备　② 需要　③ 回国　④ 安排　⑤ 出发

말하기
1. 谁明天去商店买衣服?
2. 房贵男什么时候去商店买衣服?
3. 房贵男明天去哪儿买衣服?
4. 房贵男明天去商店买什么?

읽기
1. 我**跟**同事们**一起**吃午饭。
2. 你**不要**抽烟。
3. **别**忘了办签证。
4. 这**次**出差你来准备吧。

쓰기
1. 我跟总经理一起去出差。
2. 部长有什么事找我?
3. 这是我们的合同书，您看看。
4. 你不要抽烟。

TSC 도전하기

1. 녹음) 问：他们什么时候去出差?

   他们七月十三号去出差。

2. 녹음) 问：他跟谁一起去中国?

   他跟金部长一起去中国。

3. 녹음) 问：你们要去哪儿?

   我们要去公园玩儿。/ 我们要去公园散步。/
   我们要跟我们的小狗一起去公园散步。/
   我们要跟我们的小狗一起去公园玩儿。

4. 녹음) 问：一般你跟谁一起吃午饭?

   예) 一般我跟同事们一起吃午饭。

제2과 [p.38~41]

연습문제

듣기
① 礼物　② 护照　③ 还是　④ 回来　⑤ 刷卡

말하기
1. 房贵男要往返票。
2. 房贵男想订四月十三号的飞机。
3. 房贵男他们四月十六号回来。

읽기
1. 在这儿吃**还是**打包带走?
2. 郑老师**教**我们汉语。
3. 请**稍**等一下。
4. 我**想**订飞机票。

쓰기
1. 从韩国到中国不远。/ 从中国到韩国不远。
2. 服务员找他十块。
3. 他们什么时候回来?
4. 请告诉我两位的英文名字和护照号码。/
   请告诉我两位的护照号码和英文名字。

TSC 도전하기

1. 녹음) 问：他们从几点到几点开会?

   他们从两点到四点开会。

2. 녹음) 问：她什么时候休假?

   她从七月十五号到七月十八号休假。

3. 녹음) 问：你一般用信用卡还是现金?

   我一般用信用卡。/ 我喜欢用信用卡。

4. 녹음) 问：从你家到公司远不远?

   예) 从我家到公司很远。/ 从我家到公司很近。
   / 从我家到公司不远。/ 从我家到公司不近。

제3과 [p.52~55]

연습문제

듣기
① 接　② 能　③ 想　④ 会　⑤ 得

말하기
1. 高科长知道北京分公司的电话号码。
2. 北京分公司的电话号码是01063038789。
3. 北京分公司崔次长的电子邮件地址是 beijingcui@hotmail.com。

읽기
1. 我就是，您是哪位?
2. 你还要别的吗?
3. 那十三号去机场接你们。
4. 这儿不可以抽烟。

쓰기
1. 你们还有问题吗?
2. 能告诉我北京分公司的电话号码吗?
3. 你会不会说汉语?
4. 对不起，这儿不能抽烟。

TSC 도전하기

1. 녹음) 问: 他的手机号码是多少?

   他的手机号码是幺五九九零零八五八七三。

2. 녹음) 问: 请问，在这儿可以吃汉堡包吗?

   这儿不可以吃汉堡包。/
   电影院里不可以吃汉堡包。

3. 녹음) 问: 你知道他是谁吗?

   知道，他是S公司人事部的李万岁科长。/
   知道，他是S公司的人事部科长李万岁。

4. 녹음) 问: 你的电子邮件地址是什么?

   예) fangguinan@hotmail.com。

제4과 [p.68~71]

연습문제

듣기
① 属　② 各　③ 先　④ 多　⑤ 岁

말하기
1. 九点半他们在登机口见。
2. 房贵男家有五口人。
3. 吴代理有一个弟弟。
4. 吴代理的弟弟今年24岁。

읽기
1. 你家有几口人?
2. 今年你爸爸多大年纪?
3. 你是老几?
4. 今年我18岁。

쓰기
1. 他做什么工作?
2. 金总家有两口人。
3. 请出示你们的机票和护照。/
   请出示你们的护照和机票。
4. 他也是公司职员。

TSC 도전하기

1. 녹음) 问: 她多高?

   一米六八。

2. 녹음) 问: 他多重?

   七十七公斤。

3. 녹음) 问: 这个星期六我们一起去看电影，怎么样?

   好啊！我也想去。/
   好主意！我也想看电影。

4. 녹음) 问: 今年你多大？ 属什么?

   예) 今年我三十八岁，属蛇。

정답

제5과 [p.82~85]

연습문제

듣기
① 认识　② 商量　③ 高兴　④ 应该　⑤ 今后

말하기
1. 他们现在可能在机场。
2. 他姓崔。
3. 吴代理。/ 吴公主。
4. 吴公主认识崔次长。

읽기
1. 我给你介绍我的家人。
2. 他坐飞机去美国。
3. 他们用汉语说话。
4. 他也去商店买东西。

쓰기
1. 你能不能给我们介绍贵公司?
2. 认识你我也很高兴。/ 我也认识你很高兴。
3. 这是我应该做的。
4. 我很想在中国工作。

TSC 도전하기

1. 녹음) 问: 他在哪儿吃午饭?

   他在麦当劳吃午饭。/
   中午他在麦当劳吃汉堡包。

2. 녹음) 问: 谁的年纪更大?

   男的的年纪更大。

3. 녹음) 问: 你是新来的吗?

   是的。认识您很高兴。请多关照。/
   是的。我是人事部新来的房贵男,认识您非常高兴。请多关照。

4. 녹음) 问: 请介绍一个你的朋友。

   예) 我来介绍一下我的朋友。他叫***。
   今年他三十四岁,属鸡。
   他在医院工作,他是大夫。
   他喜欢他的工作。

제6과 [p.96~99]

연습문제

듣기
① 有名　② 享用　③ 随便　④ 干杯　⑤ 味道

말하기
1. 他们一共三个人一起吃饭。
2. 他们不要放香菜。
3. 他们喝茅台酒。
4. 他们为他们的友谊和健康干杯。

읽기
1. 味道怎么样?
2. 请你帮我洗碗吧。
3. 北京的秋天天气最好。
4. 他个子高高的, 胖胖的。

쓰기
1. 请你帮我准备一下晚饭。
2. 你们想来点儿什么酒?
3. 你什么时候最幸福?
4. 谁都不知道这个问题。

TSC 도전하기

1. 녹음) 问: 看起来她们怎么样?

   看起来她们非常高兴。

2. 녹음) 问: 她喜欢什么菜?

   她(最)喜欢韩国菜。

3. 녹음) 问: 你要点什么菜?

   来一个京酱肉丝, 一个地三鲜, 一个什锦炒饭。
   / 我要一个京酱肉丝和一个什锦炒饭。
   / 给我一个京酱肉丝和一个什锦炒饭。请不要放香菜。

4. 녹음) 问: 你什么时候最幸福?

   예) 周末我在家睡觉的时候最幸福。

제7과 [p.112~115]

연습문제

듣기
① 称呼　② 下车　③ 季节　④ 正在　⑤ 旅行

말하기
1. 北京的夏天更热。
2. 除了崔次长以外，都是中国人。
3. 那儿的职员们正在开会呢。
4. 北京的秋天最好。

읽기
1. 中国的天气跟韩国差不多。
2. 昨天我去他公司的时候，他正在开会呢。
3. 除了我以外，都是中国人。
4. 中国人过生日的时候吃什么呢？

쓰기
1. 北京的夏天跟韩国一样热吗？ /
   韩国的夏天跟北京一样热吗？
2. 我们这里一共四个人。
3. 你周末的时候一般做什么？ /
   你一般周末的时候做什么？
4. 我也正想喝咖啡。

TSC 도전하기

1. 녹음) 问：今天天气怎么样？

   今天是阴天，正在下雨。

2. 녹음) 问：首尔的夏天跟北京一样热吗？

   首尔的夏天跟北京一样热。

3. 녹음) 问：你最喜欢什么季节？

   我最喜欢冬天。 / 我非常喜欢冬天。

4. 녹음) 问：你周末的时候，一般做什么？

   예) 我周末的时候，一般见朋友们。 /
   　　我周末的时候，一般跟朋友们一起玩儿。

제8과 [p.126~129]

연습문제

듣기
① 发票　② 大楼　③ 打车　④ 厉害　⑤ 师傅

말하기
1. 房贵男会说一点儿。
2. 房贵男想去秀水市场。
3. 他们打车去市场。 /
   他们坐出租(汽)车去市场。
4. 房贵男要发票。

읽기
1. 我姐姐一毕业就找工作了。
2. 我们不熟悉北京，还是坐出租车吧。
3. 这件衣服好看是好看，不过真贵。 /
   这件衣服漂亮是漂亮，不过真贵。
4. 我们打车去吧。

쓰기
1. 前边儿的大楼就是百货商店。
2. 我们喝点儿什么？
3. 我一到办公室就开电脑。
4. 今天会下雪吗？

TSC 도전하기

1. 녹음) 问：钱包里有什么？

   钱包里有信用卡和钱。 /
   钱包里有信用卡和现金。

2. 녹음) 问：现在办公室里多少度？

   现在办公室里的温度是29度。
   * 참고 단어: 温度　wēndù　명　온도

3. 녹음) 问：今天会下雨吗？

   今天不会下雨的。 /
   今天不会下雨的。今天是晴天。

4. 녹음) 问：你喜欢跟谁一起买东西？

   예) 我喜欢跟男朋友一起买东西。

정답　159

정답

제9과 [p.140~143]

연습문제

듣기
① 那么   ② 觉得   ③ 或者   ④ 放心   ⑤ 便宜

말하기
1. 房贵男想买一条珍珠项链。
2. 他们给同事们买茶叶（龙井茶和乌龙茶）。
3. 龙井茶一斤一百块。
4. 乌龙茶一斤八十块。

읽기
1. 我们去中国**还是**去美国?
2. 我们去中国**或者**去美国。
3. **有点儿**贵，便宜**一点儿**吧。
4. **他们觉得学汉语很有意思**。

쓰기
1. 不过听说中国有很多假的。
2. 给同事们买什么礼物好呢?
3. 能不能再便宜点儿?
4. 这件衣服怎么洗?

TSC 도전하기

1. 녹음) 问: 他们怎么去百货商店?

   他们坐出租(汽)车去百货商店。

2. 녹음) 问: 看上去他怎么样?

   看上去他非常热。

3. 녹음) 问: 今天你要加班吗?

   今天我要加班。/
   工作很多，我要加班。/
   今天工作太忙了，我要加班，你们别等我。

4. 녹음) 问: 你觉得中国朋友过生日的时候送什么礼物好呢?

   예) 我觉得中国朋友过生日的时候送韩国的化妆品(huàzhuāngpǐn)好。最近韩国的化妆品很受中国人的欢迎。

   * 참고 단어: 化妆品 huàzhuāngpǐn 명 화장품

과별 색인

제1과 이번에 회사에서 저한테 대리님과 같이 출장을 가라고 합니다.

꼬마사전

找 zhǎo 동 찾다, (돈을) 거슬러주다
分公司 fēngōngsī 명 (기업체의) 지사, 지점
出差 chū//chāi 동 출장 가다
跟 gēn 개 ~와/과
什么时候 shénme shíhou 대 언제
中旬 zhōngxún 명 중순
上旬 shàngxún 명 상순
下旬 xiàxún 명 하순
行程 xíngchéng 명 진행 과정
安排 ānpái 동 안배하다
出发 chūfā 동 출발하다
为什么 wèishénme 대 왜, 어찌하여
这次 zhè cì 대 이번
上次 shàng cì 대 지난번
下次 xià cì 대 다음 번
派 pài 동 파견하다
准备 zhǔnbèi 명 동 준비, 준비하다
懂 dǒng 동 이해하다, 알다
问 wèn 동 묻다
需要 xūyào 동 필요하다
签证 qiānzhèng 명 비자(visa)
忘 wàng 동 잊다

정리노트

谁 shéi 대 누구, 누가
什么时候 shénme shíhou 대 언제
哪儿 nǎr 대 어디
什么 shénme 대 무엇
怎么 zěnme 대 어떻게

为什么 wèishénme 대 왜
哪 nǎ 대 어느
怎么样 zěnmeyàng 대 어때요

더하기

办公室 bàngōngshì 명 사무실
会议室 huìyìshì 명 회의실
办公桌 bàngōngzhuō 명 사무용 책상
椅子 yǐzi 명 의자
台历 táilì 명 달력
电脑 diànnǎo 명 컴퓨터
电话 diànhuà 명 전화
传真 chuánzhēn 명 팩스
打印机 dǎyìnjī 명 프린터
复印机 fùyìnjī 명 복사기
抽屉 chōuti 명 서랍
文件柜 wénjiànguì 명 서류함
资料 zīliào 명 자료
空调 kōngtiáo 명 에어컨
垃圾桶 lājītǒng 명 쓰레기통
冰箱 bīngxiāng 명 냉장고
饮水机 yǐnshuǐjī 명 정수기
杯子 bēizi 명 컵

제2과 저는 비행기 표를 예약하고 싶습니다.

꼬마사전

国际 guójì 명 형 국제, 국제의, 국제적인
航空公司 hángkōnggōngsī 명 항공회사
订 dìng 동 예약하다
飞机票 fēijīpiào 명 비행기 표
机票 jīpiào 명 비행기 표
从 cóng 개 ~에서, ~부터

과별 색인

到 dào 개 ~까지
最好 zuìhǎo 부 가장 좋기는
上午 shàngwǔ 명 오전
飞机 fēijī 명 비행기
稍 shāo 부 약간, 조금, 잠시
经济舱 jīngjìcāng 명 (비행기, 선박 등의) 일반석, 보통석
单程票 dānchéngpiào 명 편도 티켓
还是 háishi 접 또는, 아니면
往返票 wǎngfǎnpiào 명 왕복 티켓
回来 huílái 동 (되)돌아오다
告诉 gàosu 동 말하다, 알리다
英文 Yīngwén 명 영문
名字 míngzi 명 이름
护照 hùzhào 명 여권

정리노트

教 jiāo 동 가르치다
找 zhǎo 동 거슬러주다
问 wèn 동 묻다
告诉 gàosu 동 말하다, 알리다
还 huán 동 돌려주다
送 sòng 동 보내다
给 gěi 동 주다
借 jiè 동 빌리다

짚어보기

凌晨 língchén 명 새벽
清晨 qīngchén 명 이른 아침
早上 zǎoshang 명 아침
上午 shàngwǔ 명 오전
中午 zhōngwǔ 명 정오
下午 xiàwǔ 명 오후
晚上 wǎnshang 명 저녁
白天 báitiān 명 낮
傍晚 bàngwǎn 명 저녁 무렵
夜晚 yèwǎn 명 밤
半夜 bànyè 명 한밤중

더하기

中国东方航空 Zhōngguó Dōngfāng Hángkōng 명 중국동방항공(MU)
中国国际航空 Zhōngguó Guójì Hángkōng 명 중국국제항공(CA)
南方航空 Nánfāng Hángkōng 명 남방항공(CZ)
大韩航空 Dàhán Hángkōng 명 대한항공(KE)
韩亚航空 Hányà Hángkōng 명 아시아나항공(OZ)
头等舱 tóuděngcāng 명 퍼스트 클래스, 일등석
公务舱 gōngwùcāng 명 비즈니스 클래스
商务舱 shāngwùcāng 명 비즈니스 클래스
经济舱 jīngjìcāng 명 이코노미 클래스, 일반석
靠窗位 kàochuāngwèi 명 창가 좌석
走道位 zǒudàowèi 명 복도 좌석
中间位 zhōngjiānwèi 명 중간 좌석

제3과 다음 주에 베이징에 오신다고 들었습니다.

꼬마사전

打扰 dǎrǎo 동 방해하다, 지장을 주다
能 néng 조동 ~할 수 있다, ~해도 된다
当然 dāngrán 부 형 당연히, 물론, 당연하다, 물론이다
可以 kěyǐ 조동 ~할 수 있다, 가능하다, ~해도 된다
还 hái 부 또, 더, 게다가
问题 wèntí 명 문제, 질문
知道 zhīdao 동 알다
电子邮件 diànzǐ yóujiàn 명 이메일
伊妹儿 yīmèir 명 이메일

地址 dìzhǐ 명 주소
总公司 zǒnggōngsī 명 본사
机场 jīchǎng 명 공항
接 jiē 동 마중하다
到时候 dào shíhou 그때

정리노트

要 yào 조동 ~하려고 하다, ~해야 한다
想 xiǎng 조동 ~하고 싶다
能 néng 조동 ~할 수 있다, ~해도 된다
可以 kěyǐ 조동 ~할 수 있다, ~해도 된다
会 huì 조동 ~할 수 있다, ~할 줄 알다(학습을 통한 기술 습득)
应该 yīnggāi 조동 (마땅히) ~해야 한다
得 děi 조동 ~해야 한다

더하기

姓 xìng 성
名 míng 이름
国籍 guójí 국적
护照号码 hùzhào hàomǎ 여권 번호
在华住址 zàihuá zhùzhǐ 중국에서 머무는 곳 주소
男 nán 남
女 nǚ 여
出生日期 chūshēngrìqī 생년월일
签证号码 qiānzhènghàomǎ 비자 번호
签证签发地 qiānzhèng qiānfādì 비자 발급처
航班号 hángbānhào 항공편
船名 chuánmíng 항공편
车次 chēcì 항공편
入境事由 rùjìng shìyóu 입국 사유
只能填写一项 zhǐ néng tián xiě yí xiàng
　　　　　　하나만 체크 가능
会议 huìyì 회의

商务 shāngwù 비즈니스
访问 fǎngwèn 방문
观光 guānguāng 관광
休闲 xiūxián 휴식
探亲访友 tàn qīn fǎng yǒu 친척, 친구 방문
就业 jiùyè 취직, 취업
学习 xuéxí 공부
返回常住地 fǎnhuí chángzhùdì 거주지로 돌아오다
定居 dìngjū 정착하다
其他 qítā 기타
签名 qiānmíng 서명

제4과 당신의 가족은 몇 식구입니까?

꼬마사전

出示 chūshì 동 내보이다, 제시하다
行李 xíngli 명 짐, 여행짐, 수화물
托运 tuōyùn 동 (짐, 화물을) 탁송하다, 운송을 위탁하다
登机牌 dēngjīpái 명 탑승권
祝 zhù 동 기원하다, 축복하다, 축하하다
旅途愉快 lǚtú yúkuài 즐거운 여행 되세요
　　　　　[여행자 또는 먼 길을 떠나는 사람에게 사용]
咱们 zánmen 대 우리(들)
先 xiān 부 먼저, 처음
各 gè 대 각, 여러
逛 guàng 동 거닐다, 구경하다
然后 ránhòu 접 그런 후에, 그 다음에
登机口 dēngjīkǒu 동 탑승구, 탑승게이트
好主意 hǎozhǔyi 좋은 생각이다(good idea)
爸爸 bàba 명 아빠
姐姐 jiějie 명 누나, 언니
老幺 lǎoyāo 명 (형제자매 중) 막내

과별 색인　163

과별 색인

老大 lǎodà 몡 (형제자매 중) 첫째
下面 xiàmian 몡 밑, 아래
上面 shàngmian 몡 위
弟弟 dìdi 몡 남동생
多 duō 튀 얼마나
大 dà 혱 크다
小 xiǎo 혱 작다
岁 suì 양 살, 세(연령을 세는 단위)
属 shǔ 동 띠가 ~이다
马 mǎ 몡 말

정리노트

多高 duō gāo 높이, 키를 묻는 표현
多重 duō zhòng 무게, 몸무게를 묻는 표현
多大 duō dà 크기, 나이를 묻는 표현
多远 duō yuǎn 거리를 묻는 표현
多深 duō shēn 깊이를 묻는 표현
多长 duō cháng 길이, 시간을 묻는 표현

더하기

祖父 zǔfù 몡 조부
爷爷 yéye 몡 할아버지
祖母 zǔmǔ 몡 조모
奶奶 nǎinai 몡 할머니
外祖父 wàizǔfù 몡 외조부
外公 wàigōng 몡 외할아버지
外祖母 wàizǔmǔ 몡 외조모
外婆 wàipó 몡 외할머니
父亲 fùqin 몡 아버지
爸爸 bàba 몡 아빠
母亲 mǔqin 몡 어머니
妈妈 māma 몡 엄마
爱人 àiren 몡 남편 또는 아내

老公 lǎogōng 몡 남편
丈夫 zhàngfu 몡 남편
老婆 lǎopó 몡 아내
妻子 qīzi 몡 아내
儿子 érzi 몡 아들
媳妇 xífu 몡 며느리
女儿 nǚ'ér 몡 딸
女婿 nǚxù 몡 사위
哥哥 gēge 몡 형, 오빠
嫂嫂 sǎosao 몡 형수, 올케
姐姐 jiějie 몡 누나, 언니
姐夫 jiěfu 몡 형부, 자형
弟弟 dìdi 몡 남동생
弟媳 dìxí 몡 제수, 올케
妹妹 mèimei 몡 여동생
妹夫 mèifu 몡 매부, 매제
侄子 zhízi 몡 조카(남자)
侄女 zhínǚ 몡 조카(여자)
外甥 wàisheng 몡 조카(남자)
外甥女 wàishengnǚ 몡 조카(여자)

제5과 베이징에 오신 걸 환영합니다.

꼬마사전

路上 lùshang 몡 길 가는 중, 도중
应该 yīnggāi 조동 마땅히 ~해야 한다
做 zuò 동 하다
还是 háishi 튀 여전히, 아직도
老样子 lǎoyàngzi 여전하다
哪里哪里 nǎli nǎli 천만에요, 뭘요
看上去 kàn shàngqu 보아하니
更 gèng 튀 더욱
给 gěi 동 개 주다, ~에게, ~에게 주다

互相 hùxiāng 부 서로, 상호
认识 rènshi 동 알다
高兴 gāoxìng 형 기쁘다
今后 jīnhòu 명 이후, 앞으로
关照 guānzhào 동 협력하다, 배려하다, 돌보다, 통보하다
彼此 bǐcǐ 대 피차, 서로
打 dǎ 동 (전화를) 걸다

더하기

机场 jīchǎng 명 공항
入境卡 rùjìngkǎ 명 입국카드
出境卡 chūjìngkǎ 명 출국카드
健康申明卡 jiànkāngshēnmíngkǎ 명 건강신고서
登机卡 dēngjīkǎ 명 탑승권
登机牌 dēngjīpái 명 탑승권
登机口 dēngjīkǒu 명 탑승게이트
候机室 hòujīshì 명 대합실
起飞 qǐfēi 명 동 이륙(하다)
降落 jiàngluò 명 동 착륙(하다)
误点 wùdiǎn 명 동 연착(하다)
晚点 wǎndiǎn 명 동 연착(하다)
停飞 tíngfēi 명 동 결항(되다)
航班号(码) hángbān hào(mǎ) 명 비행기 번호
座位号(码) zuòwèi hào(mǎ) 명 좌석 번호
国内线 guónèixiàn 명 국내선
国际线 guójìxiàn 명 국제선
免税店 miǎnshuìdiàn 명 면세점
便利店 biànlìdiàn 명 편의점
洗手间 xǐshǒujiān 명 화장실
问讯处 wènxùnchù 명 안내소
手推车 shǒutuīchē 명 수화물카트
海关 hǎiguān 명 세관

제6과 우리들의 우정과 건강을 위하여 건배!

꼬마사전

菜单 càidān 명 메뉴
随便 suíbiàn 부 마음대로, 좋을대로, 자유로이
点 diǎn 동 고르다, 선택하다
帮 bāng 동 돕다
点菜 diǎn//cài 동 요리를 주문하다
京酱肉丝 jīngjiàngròusī 명 징장러우쓰
地三鲜 dìsānxiān 명 디싼셴
什锦炒饭 shíjǐnchǎofàn 명 스진차오판
够 gòu 동 충분하다[필요한 수량·기준 등을 만족시킴]
放 fàng 동 넣다, 두다, 놓다
香菜 xiāngcài 명 향채, 고수
香 xiāng 형 향기롭다, (음식이) 맛있다
享用 xiǎngyòng 동 누리다, 즐기다, 만끽하다
味道 wèidao 명 맛
茅台酒 máotáijiǔ 명 마오타이주
茅台 máotái 명 마오타이주
最 zuì 부 가장, 제일
有名 yǒumíng 형 유명하다
行 xíng 형 좋다, 괜찮다
为 wèi 형 ~을 위하여
友谊 yǒuyì 명 우의, 우정
健康 jiànkāng 명 건강
干杯 gānbēi 동 건배하다

더하기

白酒 báijiǔ 명 증류주(백주)
茅台酒 máotáijiǔ 명 마오타이주
五粮液 wǔliángyè 명 우량예
汾酒 fénjiǔ 명 펀주
董酒 dǒngjiǔ 명 둥주

과별 색인

古井贡酒 gǔjǐnggòngjiǔ 명 구징궁주
黄酒 huángjiǔ 명 양조주(황주)
绍兴酒 shàoxīngjiǔ 명 사오싱주
龙岩沉缸酒 lóngyánchéngāngjiǔ 명 롱옌천강주
药味酒 yàowèijiǔ 명 혼성수(약미수)
竹叶青酒 zhúyèqīngjiǔ 명 주예칭주
水井坊 shuǐjǐngfāng 명 수이징팡
酒鬼 jiǔguǐ 명 쥬구이

제7과 베이징의 날씨는 서울과 비슷합니다.

꼬마사전

天气 tiānqì 명 날씨
差不多 chàbuduō 형 비슷하다, 별반 차이가 없다
夏天 xiàtiān 명 여름
的时候 de shíhou ~할 때에
时 shí ~할 때에
旅行 lǚxíng 동 여행하다
更 gèng 부 더욱, 더, 훨씬
热 rè 형 덥다
冷 lěng 형 춥다
秋天 qiūtiān 명 가을
一年 yìnián 명 한 해, 일년
季节 jìjié 명 계절
下车 xià//chē 동 차에서 내리다
除了A以外 chúle A yǐwài A를 제외하고, A를 빼고
正在 zhèngzài 부 지금 ~하고 있다
　　　　　　[동작이나 행위가 진행 중임을 나타냄]
出来 chū//lái 동 (안에서 밖으로) 나오다
初次见面 chūcì jiànmiàn 처음 뵙겠습니다
称呼 chēnghu 명 동 호칭, ~(이)라고 부르다
免贵 miǎnguì 저의 성씨는 ~입니다
　　　　　　[본인을 낮추어 말하는 표현]

感谢 gǎnxiè 동 감사하다
热情 rèqíng 형 열정적이다, 친절하다
接待 jiēdài 동 접대하다, 응대하다

더하기

季节 jìjié 명 계절
四季 sìjì 명 사계절
春天 chūntiān 명 봄
暖和 nuǎnhuo 형 따뜻하다
夏天 xiàtiān 명 여름
热 rè 형 덥다
秋天 qiūtiān 명 가을
凉快 liángkuai 형 시원하다, 선선하다
冬天 dōngtiān 명 겨울
冷 lěng 형 춥다
天气 tiānqì 명 날씨
阴 yīn 형 흐리다
阴天 yīntiān 명 흐린 날
晴 qíng 형 맑다
晴天 qíngtiān 명 맑은 날
下雨 xià//yǔ 동 비가 내리다
下雪 xià//xuě 동 눈이 내리다
阵雨 zhènyǔ 명 소나기
梅雨 méiyǔ 명 장마
打雷 dǎléi 동 천둥치다
雾 wù 명 안개
刮风 guāfēng 동 바람이 불다
天气预报 tiānqì yùbào 명 일기예보
气温 qìwēn 명 기온
度 dù 명 도
摄氏度 Shèshìdù 명 섭씨(온도), ℃
最高气温 zuì gāo qìwēn 최고 기온

最低气温 zuì dī qìwēn 최저 기온
零上 língshàng 명 영상
零下 língxià 명 영하
降水量 jiàngshuǐliàng 명 강수량
降雪量 jiàngxuěliàng 명 강설량

제8과 영수증 주세요.
꼬마사전

(一)点儿 (yì)diǎnr 양 조금, 약간
会 huì 조동 ~할 수 있다, ~할 줄 알다
秀水市场 Xiùshuǐ shìchǎng 고유 슈수이시장
地铁 dìtiě 명 지하철
熟悉 shúxi 형 잘 알다, 익숙하다
还是 háishi 부 하는 편이 (더) 좋다
出租车 chūzūchē 명 택시
出租汽车 chūzūqìchē 명 택시
打车 dǎ//chē 동 택시를 타다
打的 dǎ//dī 동 택시를 타다
师傅 shīfu 명 기사님, 선생님
　　　　　[기예·기능을 가진 사람에 대한 존칭]
堵车 dǔ//chē 동 차가 막히다
厉害 lìhai 형 엄격하다, 매섭다, 대단하다, 굉장하다
一A就B yī A jiù B A하자마자 B한다, A하기만 하면 곧 B한다 [전후의 두 가지 일·상황이 곧바로 이어짐을 나타냄]
到 dào 동 도착하다
大楼 dàlóu 명 빌딩
靠边(儿) kào//biānr 동 (길)옆에 붙다, 옆으로 비키다
停 tíng 동 정지하다, 멈추다
发票 fāpiào 명 영수증

더하기

交通工具 jiāotōng gōngjù 명 교통수단
飞机 fēijī 명 비행기
地铁 dìtiě 명 지하철
火车 huǒchē 명 기차
汽车 qìchē 명 자동차
船 chuán 명 배
客船 kèchuán 명 여객선
卡车 kǎchē 명 트럭
自行车 zìxíngchē 명 자전거
摩托车 mótuōchē 명 오토바이
公共汽车 gōnggòngqìchē 명 버스
公交车 gōngjiāochē 명 버스
出租汽车 chūzūqìchē 명 택시
出租车 chūzūchē 명 택시
机场大巴 jīchǎngdàbā 명 공항리무진
站牌 zhànpái 명 버스 표지판
路线 lùxiàn 명 버스 노선
头班车 tóubānchē 명 첫차
末班车 mòbānchē 명 막차
换乘 huànchéng 명 환승
交通卡 jiāotōngkǎ 명 교통카드
公交车站 gōngjiāo chēzhàn 명 버스정류장
公交站 gōngjiāozhàn 명 버스정류장
地铁站 dìtiězhàn 명 지하철역
中转站 zhōngzhuǎnzhàn 명 환승역
地铁路线图 dìtiě lùxiàntú 명 지하철 노선도

제9과 너무 비싸요, 좀 싸게 해 주세요.
꼬마사전

售货员 shòuhuòyuán 명 판매원
欢迎光临 huānyíng guānglín 어서 오세요

과별 색인

条 tiáo 양 줄기, 가닥[가늘고 긴 것을 셀 때 쓰임]
珍珠 zhēnzhū 명 진주
项链 xiàngliàn 명 목걸이
多少钱 duōshao qián 얼마입니까
太 tài 부 매우, 아주
便宜 piányi 형 싸다
那么 nàme 접 그러면, 그렇다면
茶叶 cháyè 명 찻잎
假 jiǎ 형 거짓의, 가짜의
有点儿 yǒudiǎnr 부 약간, 조금
怕 pà 동 무섭다, 두렵다, 염려하다
放心 fàng//xīn 동 안심하다
觉得 juéde 동 ~라고 느끼다, 생각하다
龙井茶 lóngjǐngchá 명 룽징차
或者 huòzhě 접 혹은, 또는
乌龙茶 wūlóngchá 명 우롱차
阿姨 āyí 명 아주머니, 아줌마
斤 jīn 양 근[무게의 단위]

烟酒店 yānjiǔdiàn 명 술담배 가게
网吧 wǎngba 명 pc방
旅行社 lǚxíngshè 명 여행사

더하기

水果店 shuǐguǒdiàn 명 과일 가게
花店 huādiàn 명 꽃집
药店 yàodiàn 명 약국
书店 shūdiàn 명 서점
咖啡厅 kāfēitīng 명 커피숍
茶馆 cháguǎn 명 찻집
饮料店 yǐnliàodiàn 명 음료 가게
眼镜店 yǎnjìngdiàn 명 안경원
小吃店 xiǎochīdiàn 명 분식점
玩具店 wánjùdiàn 명 장난감 가게
杂货店 záhuòdiàn 명 잡화점
便利店 biànlìdiàn 명 편의점
电影院 diànyǐngyuàn 명 영화관

병음 색인

A

āyí 阿姨 명 아주머니, 아줌마 — 135
àihào 爱好 명 취미 — 108
ānpái 安排 동 안배하다 — 18

B

bàba 爸爸 명 아빠 — 63
báitiān 白天 명 낮 — 36
bànyè 半夜 명 한밤중 — 36
bāng 帮 동 돕다 — 90
bàngwǎn 傍晚 명 저녁 무렵 — 36
bǐcǐ 彼此 대 피차, 서로 — 77
bì//yè 毕业 동 졸업하다 — 23
biéde 别的 명 다른 것 — 50
biérén 别人 대 (나, 또는 특정한 사람 이외의) 다른 사람 — 110
bù cháng 不常 자주 ~하지 않는다 — 124

C

cài 菜 명 요리, 음식 — 80
càidān 菜单 명 메뉴 — 90
cānjiā 参加 동 참가하다, 참여하다 — 48
cānjīnzhǐ 餐巾纸 명 냅킨 — 80
cǎoméi 草莓 명 딸기 — 139
cháyè 茶叶 명 찻잎 — 135
chàbuduō 差不多 조 비슷하다, 별반 차이가 없다 — 106
chāoshì 超市 명 슈퍼마켓('超级市场 chāojíshìchǎng'의 준말) — 67
chēnghu 称呼 명 동 호칭, ~(이)라고 부르다 — 107
chéngjì 成绩 명 성적 — 110
Chénglóng 成龙 고유 성룡 (중국 배우) — 51
chōu//yān 抽烟 동 담배를 피다 — 22
chūcì jiànmiàn 初次见面 처음 뵙겠습니다 — 107
chū//chāi 出差 동 출장 가다 — 18
chūfā 出发 동 출발하다 — 18
chū//lái 出来 동 (안에서 밖으로) 나오다 — 107
chūshì 出示 동 내보이다, 제시하다 — 62
chūzūchē 出租车 명 택시 — 120
chūzūqìchē 出租汽车 명 택시 — 94
chúle A yǐwài 除了A以外 A를 제외하고, A를 빼고 — 107
cóng 从 개 ~에서, ~부터 — 32

D

dǎ 打 동 (전화를) 걸다 — 77
dǎ//bāo 打抱 동 포장하다 — 34
dǎ//chē 打车 동 택시를 타다 — 120
dǎ//dī 打的 동 택시를 타다 — 120
dǎrǎo 打扰 동 방해하다, 지장을 주다 — 46
dǎsǎo 打扫 동 청소하다 — 94
dǎ//zì 打字 동 타자를 치다 — 122
dà 大 형 크다 — 63
dàlóu 大楼 명 빌딩 — 121
dàshǐguǎn 大使馆 명 대사관 — 50
dàxué 大学 명 대학교 — 48
dàizǒu 带走 동 가져가다, 가지고 가다 — 34
dānchéngpiào 单程票 명 편도 티켓 — 33
dāngrán 当然 부 형 당연히, 물론, 당연하다, 물론이다 — 46
dào 到 개 ~까지 — 32

병음 색인

dào 到 [동] 노작하나		121
dào shíhou 到时候 그때		47
de shíhou 的时候 ~할 때에		106
děi 得 [조동] ~해야 한다		48
dēngjīkǒu 登机口 [명] 탑승구, 탑승게이트		62
dēngjīpái 登机牌 [명] 탑승권		62
dìdi 弟弟 [명] 남동생		63
dìsānxiān 地三鲜 [명] 디싼셴		90
dìtiě 地铁 [명] 지하철		120
dìzhǐ 地址 [명] 주소		46
diǎn 点 [동] 고르다, 선택하다		90
diǎn//cài 点菜 [동] 요리를 주문하다		90
diànnǎo 电脑 [명] 컴퓨터		124
diànshì 电视 [명] 텔레비전		21
diànzǐ yóujiàn 电子邮件 [명] 이메일		46
dìng 订 [동] 예약하다		32
dōngtiān 冬天 [명] 겨울		108
dōngxi 东西 [명] 물건		78
dǒng 懂 [동] 이해하다, 알다		19
dǔ//chē 堵车 [동] 차가 막히다		121
duō 多 [부] 얼마나		63
duō cháng 多长 길이, 시간를 묻는 표현		64
duō dà 多大 크기, 나이를 묻는 표현		64
duō gāo 多高 높이, 키를 묻는 표현		64
duōshao qián 多少钱 얼마입니까		134
duō shēn 多深 깊이를 묻는 표현		64
duō yuǎn 多远 거리를 묻는 표현		64
duō zhòng 多重 무게, 몸무게를 묻는 표현		64

E

érzi 儿子 [명] 아들		22

F

fāpiào 发票 [명] 영수증		121
Fǎguó 法国 [고유] 프랑스		110
fàng 放 [동] 넣다, 두다, 놓다		90
fàng//xīn 放心 [동] 안심하다		135
fēijī 飞机 [명] 비행기		32
fēijīpiào 飞机票 [명] 비행기 표		32
fēngōngsī 分公司 [명] (기업체의) 지사, 지점		18

G

gānbēi 干杯 [동] 건배하다		91
gānjìng 干净 [형] 깨끗하다		92
gǎnxiè 感谢 [동] 감사하다		107
gāo'ěrfū(qiú) 高尔夫(球) [명] 골프		122
gāoxìng 高兴 [형] 기쁘다		77
gàosu 告诉 [동] 말하다, 알리다		33
gē 歌 [명] 노래		93
gè 各 [대] 각, 여러		62
gèzi 个子 [명] 키		92
gěi 给 [동][개] 주다, ~에게, ~에게 주다		77
gēn 跟 [개] ~와/과		18
gèng 更 [부] 더욱		76
gōngjīn 公斤 [양] 킬로그램(kg)		64
gōngyuán 公园 [명] 공원		22
gòu 够 [동] 충분하다[필요한 수량·기준 등을 만족시킴]		90
guānzhào 关照 [동] 협력하다, 배려하다, 돌보다, 통보하다		77
guàng 逛 [동] 거닐다, 구경하다		62
guì gōngsī 贵公司 [명] 귀사		81
guójì 国际 [명][형] 국제, 국제의, 국제적인		32
guò 过 [동] (시점을) 지내다, 보내다, 경과하다		110

H

hái 还 부 또, 더, 게다가		46
háishi 还是 접 또는, 아니면		33
háishi 还是 부 여전히, 아직도		76
háishi 还是 부 하는 편이 (더) 좋다		120
háizi 孩子 명 아이		78
Hànzì 汉字 명 한자		81
hángkōnggōngsī 航空公司 명 항공회사		32
hǎochī 好吃 형 맛있다		80
hǎokàn 好看 형 예쁘다, 아름답다		124
hǎo zhǔyi 好主意 좋은 생각이다(good idea)		62
hé 河 명 강, 하천		64
hétongshū 合同书 명 계약서		21
hézuò 合作 동 합작하다, 협력하다		95
hóng 红 형 빨갛다, 붉다		124
hùxiāng 互相 부 서로, 상호		77
hùzhào 护照 명 여권		33
huānyíng guānglín 欢迎光临 어서 오세요		134
huán 还 동 돌려주다		35
huí//guó 回国 동 귀국하다		20
huí//lái 回来 동 (되)돌아오다		33
huì 会 조동 ~할 수 있다, ~할 줄 알다		120
huìyì 会议 명 회의		51
huǒchēpiào 火车票 명 기차 표		94
huòzhě 或者 접 혹은, 또는		135

J

jīchǎng 机场 명 공항		47
jīpiào 机票 명 비행기 표		32
jìjié 季节 명 계절		106
jiārén 家人 명 가족(식구)		81
jiǎ 假 형 거짓의, 가짜의		135
jiànkāng 健康 명 건강		91
jiǎng 讲 동 말하다, 이야기하다, 설명하다		67
jiāo 教 동 가르치다		35
jiē 接 동 마중하다		47
jiēdài 接待 동 접대하다, 응대하다		107
jié//hūn 结婚 동 결혼하다		23
jiějie 姐姐 명 누나, 언니		63
jiè 借 동 빌리다		35
jīn 斤 양 근[무게의 단위]		135
jīnhòu 今后 명 이후, 앞으로		77
jīngjìcāng 经济舱 (비행기, 선박 등의) 일반석, 보통석		33
jīngjiàngròusī 京酱肉丝 명 징장러우쓰		90
juéde 觉得 동 ~라고 느끼다, 생각하다		135

K

kāi 开 동 켜다, 기계의 ON		124
kāi//chē 开车 동 운전하다		49
kàn shàngqu 看上去 보아하니		76
kào//biānr 靠边(儿) 동 (길)옆에 붙다, 옆으로 비키다		121
kěnéng 可能 부 아마도, 어쩌면		82
kěyǐ 可以 조동 ~할 수 있다, 가능하다, ~해도 된다		46
kùzi 裤子 명 바지		80
kuài 快 형 부 빠르다, 빨리		123

L

là 辣 형 맵다		80
láifǎng 来访 동 방문하다		110

병음 색인

lǎodà 老大 명 (형제자매 중) 첫째	63
lǎoyàngzi 老样子 여전하다	76
lǎoyāo 老幺 명 (형제자매 중) 막내	63
lěng 冷 형 춥다	106
lǐwù 礼物 명 선물	35
lìhai 厉害 형 엄격하다, 매섭다, 대단하다, 굉장하다	121
liǎn 脸 명 얼굴	124
liáo//tiān 聊天 동 수다떨다, 잡담하다	21
língchén 凌晨 명 새벽	36
lóngjǐngchá 龙井茶 명 룽징차	135
lùshang 路上 명 길 가는 중, 도중	76
lǚtú yúkuài 旅途愉快 즐거운 여행 되세요 [여행자 또는 먼 길을 떠나는 사람에게 사용]	62
lǚxíng 旅行 동 여행하다	106

M

mǎ 马 명 말	63
máotái 茅台 명 마오타이주	91
máotáijiǔ 茅台酒 명 마오타이주	91
mǐ 米 양 미터(m)	64
miǎnguì 免贵 저의 성씨는 ~입니다 [본인을 낮추어 말하는 표현]	107
míngzi 名字 명 이름	33

N

ná 拿 동 잡다, 쥐다, 들다	94
nǎ 哪 대 어느	20
nǎli nǎli 哪里哪里 천만에요, 뭘요	76
nǎr 哪儿 대 어디	20

nàme 那么 접 그러면, 그렇다면	134
néng 能 조동 ~할 수 있다, ~해도 된다	46
niánjì 年纪 명 나이, 연령	66
niàn 念 동 (소리내어) 읽다	20

P

pà 怕 동 무섭다, 두렵다, 염려하다	135
pài 派 동 파견하다	19
pàng 胖 형 뚱뚱하다	92
piányi 便宜 형 싸다	134

Q

qiānzhèng 签证 명 비자(visa)	19
qiánbāo 钱包 명 지갑	23
qīngchén 清晨 명 이른 아침	36
qiūtiān 秋天 명 가을	106

R

ránhòu 然后 접 그런 후에, 그 다음에	62
rè 热 형 덥다	106
rèqíng 热情 형 열정적이다, 친절하다	107
rènshi 认识 동 알다	77
Rìyǔ 日语 명 일본어	122

S

sàn//bù 散步 동 산책하다	21
shāngliang 商量 동 상의하다, 의논하다	79

shàng 上 동 진학하다, 다니다		48
shàng cì 上次 대 지난번		19
Shànghǎi 上海 고유 상하이(상해)		37
shàngmian 上面 명 위		63
shàngwǔ 上午 명 오전		32
shàngxún 上旬 명 상순		18
shāo 稍 부 약간, 조금, 잠시		32
shéi 谁 대 누구, 누가		20
shénme 什么 대 무엇		20
shénme shíhou 什么时候 대 언제		18
shēng//qì 生气 동 화나다		80
shīfu 师傅 명 기사님, 선생님[기예·기능을 가진 사람에 대한 존칭]		121
shí 时 ~할 때에		106
shíjǐnchǎofàn 什锦炒饭 명 스진차오판		90
shǒubiǎo 手表 명 손목시계		23
shòuhuòyuán 售货员 명 판매원		134
shúxi 熟悉 형 잘 알다, 익숙하다		120
shǔ 属 동 띠가 ~이다		63
shuā//kǎ 刷卡 동 카드를 긁다, 카드 결제하다		34
shuǐ 水 명 물		145
shuǐguǒ 水果 명 과일		23
shuì//jiào 睡觉 동 자다		109
shuō//huà 说话 동 말하다, 이야기하다		67
sòng 送 동 보내다		35
suíbiàn 随便 부 마음대로, 좋을대로, 자유로이		90
suì 岁 양 살, 세[연령을 세는 단위]		63

T

tài 太 부 매우, 아주		134
tiānqì 天气 동 날씨		106
tiáo 条 양 줄기, 가닥[가늘고 긴 것을 셀 때 쓰임]		134
tīng 听 동 듣다		36
tíng 停 동 정지하다, 멈추다		121
tuōyùn 托运 동 (짐, 화물을) 탁송하다, 운송을 위탁하다		62

W

wàiguó 外国 명 외국		138
wánr 玩儿 동 놀다		22
wǎnhuì 晚会 명 저녁 모임		51
wǎnshang 晚上 명 저녁		36
wǎngfǎnpiào 往返票 명 왕복 티켓		33
wàng 忘 동 잊다		19
wèi 为 형 ~을 위하여		91
wèishénme 为什么 대 왜, 어찌하여		19
wèidao 味道 명 맛		91
wèn 问 동 묻다		19
wèntí 问题 명 문제, 질문		46
wūlóngchá 乌龙茶 명 우롱차		135

X

Xī'ān 西安 고유 시안(서안)		37
Xībānyáyǔ 西班牙语 명 스페인어		125
xǐ 洗 동 씻다, 빨다		94
xǐ//wǎn 洗碗 동 설거지하다		95
xǐhuan 喜欢 동 좋아하다		93
xià//chē 下车 동 차에서 내리다		106
xià cì 下次 대 다음 번		19
xiàmian 下面 명 밑, 아래		63
xiàwǔ 下午 명 오후		36

병음 색인 173

병음 색인

xià//xuě 下雪 동 눈이 내리다	122
xiàxún 下旬 명 하순	18
xià//yǔ 下雨 동 비가 오다	109
xiàtiān 夏天 명 여름	106
xiān 先 부 먼저, 처음	62
xiānsheng 先生 명 선생님, 씨[성인 남성에 대한 경칭]	81
xiànjīn 现金 명 현금	34
xiāng 香 형 향기롭다, (음식이) 맛있다	91
xiāngcài 香菜 명 향채, 고수	90
xiāngjiāo 香蕉 명 바나나	139
xiǎng 想 조동 ~하고 싶다	48
xiǎngyòng 享用 동 누리다, 즐기다, 만끽하다	91
xiàngliàn 项链 명 목걸이	134
xiě 写 동 쓰다	36
xíng 行 형 좋다, 괜찮다	91
xíngchéng 行程 명 진행 과정	18
xíngli 行李 명 짐, 여행짐, 수화물	62
xìngfú 幸福 명 형 행복, 행복하다	93
xiū//jià 休假 동 휴가를 보내다	34
Xiùshuǐ Shìchǎng 秀水市场 고유 슈수이시장	120
xūyào 需要 동 필요하다	19
xuéxí 学习 명 동 공부, 공부하다	21

Y

yāoqiú 要求 명 동 요구, 요구하다	50
yào 要 조동 ~하려고 하다, ~해야 한다	48
yèwǎn 夜晚 명 밤	36
yèxiāo 夜宵 명 야식	22
yī A jiù B 一A就B A하자마자 B한다, A하기만 하면 곧 B한다 [전후의 두 가지 일·상황이 곧바로 이어짐을 나타냄]	121

yídìng 一定 부 반드시, 필히, 분명히	109
yìbān 一般 형 보통이다, 일반적이다	110
(yì)diǎnr (一)点儿 양 조금, 약간	120
yìnián 一年 명 한해, 일년	106
yīmèir 伊妹儿 명 이메일	46
Yìdàlì 意大利 고유 이탈리아	67
yīnyuè 音乐 명 음악	93
yǐnliào 饮料 명 음료	123
yīnggāi 应该 조동 마땅히 ~해야 한다	76
Yīngwén 英文 명 영문	33
yòng 用 동 이용하다, 사용하다	34
yǒudiǎnr 有点儿 부 약간, 조금	135
yǒumíng 有名 형 유명하다	91
yǒuyì 友谊 명 우의, 우정	91
yuèchū 月初 명 월초	136
yuèdǐ 月底 명 월말	136

Z

zánmen 咱们 대 우리(들)	62
zāng 脏 형 더럽다	136
zǎoshang 早上 명 아침	36
zěnme 怎么 대 어떻게	20
zěnmeyàng 怎么样 대 어때요	20
zhǎo 找 동 찾다, (돈을) 거슬러주다	18
zhè cì 这次 대 이번	19
zhème 这么 이렇게	20
zhēnzhū 珍珠 명 진주	134
zhèngzài 正在 부 지금 ~하고 있다[동작이나 행위가 진행 중임을 나타냄]	107
zhīdao 知道 동 알다	46
zhǐ 只 부 단지, 다만, 오직	125

zhōngwǔ 中午 명 정오	36
zhōngxún 中旬 명 중순	18
zhōumò 周末 명 주말	110
zhù 祝 동 기원하다, 축복하다, 축하하다	62
zhǔnbèi 准备 명 동 준비, 준비하다	19
zì 字 명 글자	20
zǒnggōngsī 总公司 명 본사	47
zǔzhǎng 组长 명 팀장	124
zuì 最 부 가장, 제일	91
zuìhǎo 最好 명 가장 좋기는	32
zuìjìn 最近 명 최근	124
zuò 坐 동 (교통 수단을) 타다, 앉다	78
zuò 做 동 하다	76
zuò//fàn 做饭 동 밥을 짓다	95

나만의 발음 선생님

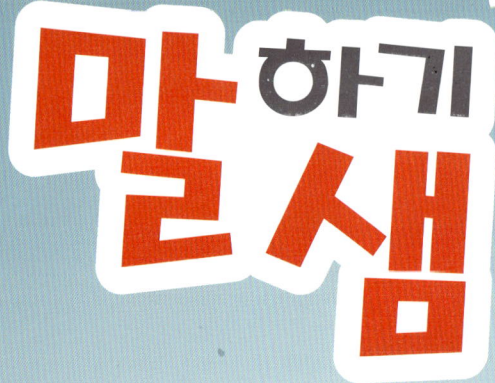
말하기 말샘으로 **중국어 공부** 제대로 하자!

중국어는 첫째도 **발음**, 둘째도 **발음**, 셋째도 **발음**! 단어마다 일일이 찾아 듣는 불편함은 그만!
말하기샘만 터치하면 원어민 발음으로 바로바로 읽어주니까~
언제 어디서나 중국어 공부가 쉽고 편리해진다!

 말하기샘 학습 준비하기!
— 말하기샘에 음성데이터 저장하기

USB 케이블을 이용해 컴퓨터와 말하기샘을 연결하고,
[시사중국어사 홈페이지(book.chinasisa.com)]에 로그인합니다.
[말하기샘] 배너를 클릭하면 [말하기샘 전용 페이지]로 이동합니다.
[말하기샘 전용 페이지]에서 해당 자료를 검색 후, 다운로드 하면 사용 가능 합니다.

말샘으로 학습하기

학습 시작 전에!
말하기샘의 ⏻ [전원] 단추를 눌러 전원을 켜고, 말하기샘으로 겉표지를 터치합니다.

회화

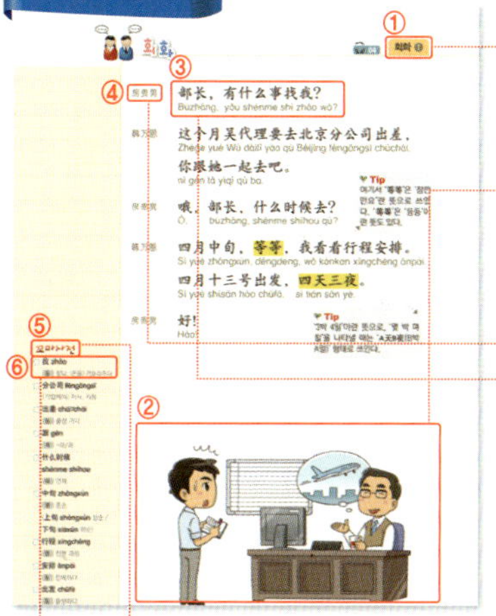

① [본문 전체 재생 (1회)]
회화 ① 을 터치하면 본문 전체를 재생합니다.

② [본문 전체 재생 (1회)] 
회화 본문의 그림을 터치하면 본문 전체를 재생합니다.

③ [한 문장 재생]
部长，有什么事找我? 를 터치하면 마침표나 느낌표 또는 물음표까지 본문과 동일하게 재생합니다.
Bùzhǎng, yǒu shénme shì zhǎo wǒ?

④ [대화 재생]
房贵男 을 터치하면 그 사람이 말하는 내용을 전체 재생합니다.

⑤ [단어 전체 재생]
꼬마사전 을 터치하면 본문 단어 전체를 재생합니다.

⑥ [각 단어 재생]
☐ **找 zhǎo**
   동 찾다, (돈을) 거슬러주다   을 터치하면 각 단어를 재생합니다.

TSC 도전하기

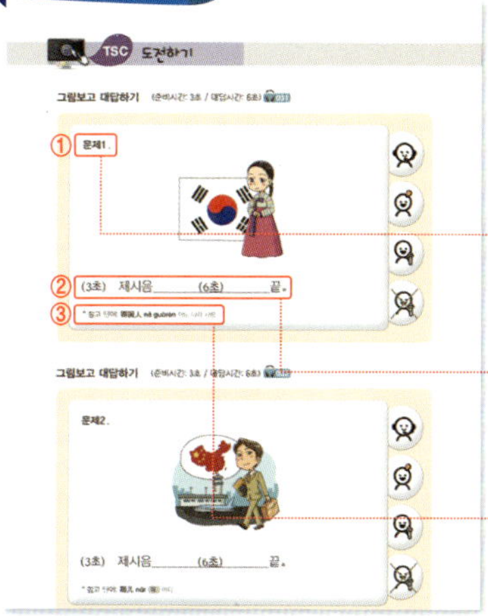

① [TSC 문제 재생]
문제1. 을 터치하면 문제를 재생합니다.

② [TSC 답안 재생]
(3초) 제시음_____(6초)_____끝。 을 터치하면 해당 문제에 대한 모범 답안을 재생합니다.

③ [단어 재생]
* 참고 단어: **哪国人 nǎ guórén** 어느 나라 사람   을 터치하면 해당 단어를 재생합니다.

발음

[그림] 이나 [병음] 을 터치하면 각 발음을 재생합니다.

미리보기 / 다시보기 / 발음 up

[문장] 이나 [단어] 를 터치하면 각 문장과 단어를 재생합니다.

연습문제

① 듣기의 [보기] 를 터치하면 보기를 재생하고, [빈 칸] 을 터치하면 답을 재생합니다.
② 말하기의 [문장] 을 터치하면 각 문장을 재생하고, [그림] 을 터치하면 전체 대화를 재생합니다.
③ 읽기의 [문장] 을 터치하면 각 문장을 재생하고, 문제의 [소문항 번호] 를 터치하면 올바르게 짝지어진 대화를 재생합니다.
④ 쓰기의 [빈 칸] 을 터치하면 정답을 재생합니다.

정리노트 / 짚어보기 / 말해보기

[단어] 나 [문장] 을 터치하면 각 단어와 문장을 재생합니다.

시사북스 ㈜시사중국어사
제품문의 02)3671-0562
구입문의 02)3671-0501
book.chinasisa.com

MEMO